JN419309

범덩골 가재들은
마카 어디로 갔을까

범덩골 가재들은
마카 어디로 갔을까

산골 중의 별별 산골 이야기

법혜 지음

차례

1장

사부작
사부작
여행할까요?

비행기 크루즈 기차 자동차 오토바이 자전거
심지어는 두 발로 온 세상 구석구석
남극에서 북극까지 다 다녀와도
왔노라 보았노라 찍었노라 끝~

그곳은 가 보셨나요?
느낌 세상 기억 세상 생각 세상 앎 세상
아직 안 가 보셨다고요
지금, 가 보실래요
사부작사부작…!

더 늦기 전에

태어난 곳이자 지금 살아가는 이곳은 분명 평창의 산골이다.

사람이 살 것 같지 않은 골짜기지만 들어가 보면 작은 마을이 있는, 버덩(너른 평지)보다는 골짜기나 비탈이 더 많은 곳, 그런 골짜기에서 태어났고 초등학교 때까지 살았다. (어릴 때만 해도) 버스를 타고 다른 지역을 갈 일은 없었고, 있어도 한두 시간쯤 걸어 다니는 걸 당연하게 여겼다. 차가 다니는 길이라고는 산판*에서 나무를 실어 나르는 (제무시) 차가 드나드는 울퉁불퉁 신작로가 전부였다. 그러나 오늘날 이곳은 격세지감이라는 말이 무색하리만치 딴 세상이 되었고 사람들의 삶의 방식도 무척 달라졌다.

그러나 여느 산골과는 다른 점이 많이 있다. 스키장과 계곡이 있

---

* 산에서 나무를 베어 파는 일 또는 그런 현장.

어 추운 겨울에는 스키나 썰매를 타러 오는 가족이나 젊은이들이 많고, 더울 때는 더위를 피한 캠핑이나 물놀이를 위해 찾아오는 가족들이 많으며, 근현대에 이름난 소설가 이효석의 '메밀꽃 필 무렵'의 무대인 (2일, 7일) 봉평장이 제법 알려져 하루에 다녀갈 수 있는 서울 경기권 또는 하루 이틀 머물다 가려는 다른 지역의 사람들이 많이 찾아온다. 그러다 보니 호텔 리조트 펜션 민박 캠핑장이라는 이름의 숙박 시설이 다양하게 있고, 산골치고는 식당도 꽤 다양하게 있는 편이다. 게다가 고속도로로 들고나는 (평창, 면온) IC도 가깝게 있고, 도심으로 나고 드는 터미널과 고속철도(KTX) 역도 가까운 편이고, 뿐만이 아니라 요즘 사람들에게 꼭 필요한 365 ATM기나 편의점 그리고 프랜차이즈 치킨 가게들도 좀 있는 편이다.

상황이 이렇다 보니 조금이라도 젊다 싶은 이들은 일손이 필요한 곳으로 돈을 벌러 다니기 바쁘다. 붙박이로 직장 생활을 하던 시간 짬일(알바)을 하던 돈을 벌기 위한 일을 찾아다니고 있다. 그러는 까닭은 행복하기 위해서다. 돈이 있어야 행복하고 행복하게 돈을 쓰려면 벌어야 한다고 여기는 건 (내가 볼 때는) 도심 속 사람들과 다름없다. 삶 또한 도심 속 사람들과 별다르지 않다. 이를테면 주 5일 또는 6일은 일을 다니고 주말이나 쉬는 날은 서울로 나들이하거나 개봉작을 상영하는 (작은) 영화관을 찾고, 풍경 좋은 카페나 집에서 해 먹지 않아도 될 아침과 점심을 할 브런치 카페를 찾는다.

어떤 시골은 가장 가까운 영화관에 가려면 대여섯 시간을 걸어 가야 하고, 프랜차이즈는커녕 튀김옷을 입혀 튀긴 치킨이 아니라 기름 빼서 구운 통닭밖에 선택할 수 없다고도 한다. 그곳에 견주면 이곳은 결코 답답한 시골이 아닌, 누릴 것들이 꽤 많다고 여기는 데, 자본주의 세상인 만큼 요즘 소비문화와 정서를 비교하는 이들의 생각은 다른 모양이다.

"애가, 이도 튼튼치 않은 데다 뭘 잘 먹지도 않고 탄산음료만 좋아하더니 이빨이 다 썩어서 치료하고 (이빨을) 해 넣으려면 몇 백이 든다잖아요. 돈 벌어서 병원비로 다 나간다니까."

"애 키우고 학원비 내고 병원도 가야 해서 5천만 원짜리 마이너스 통장에서 야금야금 다 빼 썼더니만…, 갚으라 하기에 할 수 없어 계를 들었다니까요. 앞으로 곗돈 부으려면 죽어났지 뭐."

말하면서도 스스로 모순이라고 느낄 삶이다. 날마다 시간 맞춰 일하러 가는 이유, 틈만 나면 아르바이트까지도 마다하지 않는 이유가 결국 여기저기 아플 때마다 병원에 가서 병원비 내려고 버는 셈이니까. '오늘'을 돈 버는 일로 보내는 이들로 가득 찬 현실…, 따지고 보면 결국 행복해지기 위해 행복을 저당 잡히고 있는 셈이다. 마치 '신들을 기만한 죄로 산 정상으로 바위를 밀어 올리는 벌을 받게 된 시시포스'처럼. 시시포스는 밀어 올린 바위가 산꼭대기까지 다다르면 다시 아래로 굴러 떨어지기 때문에 처음부터 다시 올려야 하는 일을 끊임없고 쉼 없이 영원히 되풀이해야 하는 신화 속 인물이지만, 내가 볼 때는 오늘날을 살아가는 사람들의 삶이 시시포스와 다름없다.

지식이 모자라는 사람 없고, 학력이 낮은 사람도 없고, 못 배운 사람도 없고, 저마다 전문가 못지않은데 뭔가 알맹이는 없이 사는 듯 보인다. 아이들은 집에서든 학교에서든 학원에서든 '행복한 삶'을 보고 듣고 느끼기보다는 점수 잘 나오는 것만 인정받고 칭찬받으며 연봉이 많은 대기업의 '고급 노예'가 되는 길을 은근히 또는 대놓고 강요당한다. 행복은 동화 속 이야기처럼 아득해져 가는 오늘의 이 상황이 영화 속 이야기나 꿈이면 좋겠다.

아무리 좋아하는 일일지라도 돈과 물질로 대가를 받으면 행복감이 사라지더라는, 아무리 힘든 일일지라도 대가 없이 그저 남을 도울 뿐이었을 때 편안함과 행복감이 충만하더라는 실험 결과가 있다. 도심의 휘황찬란한 불빛이 마치 욕망의 불씨에 불을 붙이는 부싯돌 같다. 그러니 한 번 붙으면 쉽사리 꺼지지도 않을 불씨를 품고 있음을 자각하고 늘 깨어있어야 한다. 욕망의 불씨는, 꺼진 듯하지만 여덟 가지 바람**이 불면 살아나 더 크게 번지려 하는 특성이 있으니 살피고 또 살피어 불이 붙지 않도록 해야 한다.

** 팔풍八風(불교 용어) 이로움利 · 손해衰 · 헐뜯음毁 · 기림譽 · 칭찬稱 · 비난譏 · 괴로움苦 · 즐거움樂

행복을 저당 잡힌 채 시시포스처럼 사는 이들에게 귀띔해 주고 싶다. 삶의 고단함을 한탄하지 말고 지금이라도 여행을 떠나보라고. 어디로? '세상에서 가장 먼 거리'로. 그곳에서 뭘 좋아하고, 뭘 싫어하고, 어떤 선입견, 무슨 생각, 어떤 성향, 어떤 취미, 무엇에 반응하고, 무엇에 사로잡혀 있는지, 무엇을 후회하고, 어떤 걱정과 불안에 감겨 있는지, 스스로에 대해 얼마나 알고 있는지, 사무치게 맺힌 건 무언지…, 만나 보는 거다.

세상에서 가장 먼 거리, 풀어 말하자면 '나를 만나는 내 안으로의 여행'이다. 망설이지 말자. 더불어 여유도 챙기자. 누가 뒤쫓아 오는 듯 허덕허덕 내달리는 걸음 잠시 멈추고 잠시 문밖으로 나가 가만히 산새들 지저귐이나 풀벌레 소리에 귀를 기울여 보자. 바람 소리 물소리에 귀를 씻고 마음속 상념을 알아주면서 '지금'을 살아보자. 그리고 산골이 주는 큰 혜택을 맘껏 누려 보자. 더 늦기 전에.

지금, 무슨 생각 하시는가?

'기억'을 공유하며

페이스북을 만든 이들의 취지는 정확히 모르겠으나 어제와 달라진 숫자의 날, 마실 가듯 페이스북을 열어보면 페이스북과 만난 햇수만큼의 오늘 날짜에 올렸던 글과 사진을 내보이며 글을 올리던 그날 그 순간으로 데려다준다.

까맣게 잊고 있던 '어느 순간'이 버젓이 눈앞에 나타날 때면 살아온 시간을 찍어둔 사진기가 있다는 듯, 촤르륵 촤르륵 촤륵! 거꾸로 필름 돌리는 소리가 빨랐다가 느렸다가를 되풀이한다. 지나간 어느 곳 어느 때 함께 했던 사람들과 상황과 풍경이 때로는 어제 일처럼 뚜렷하거나 때로는 빛바랜 사진처럼 흐릿하게 기억과 생각 속을 휘젓고 다닌다. 생각 속 어느 곳 어느 때를 곰곰 들여다보면서 민망하고 부끄러운 일인지, 아니면 지금 보아도 괜찮고 마땅한 일인지를 가늠해 보기도 한다.

페이스북 늑 '나'라고 할 수 있는 '얼의 꼴 책'

내 삶의 한순간, 순간의 조각조각이 내 의지로 기록하여 쌓이고 있는 터라 후회 없고 부끄럽지 않을 만큼이면 좋겠다. 내 의지로 기록하지만 다른 누군가가 '페친'이라는 이름과 자격으로 내 삶의 조각을 함께 기우는 셈이니 자못 정성을 들이지 않으면 안 될 곳이다. 다른 SNS와는 좀 다른 공간이기에 생각이나 견해를 드러냄에도 '쉽게' '가볍게' '무조건'이면 난감할 수밖에 없는 곳이기도 하다.

사람, 벗을 인연함에 있어 글자 몇 자 낱말 몇 줄 또는 사진 몇 장, 기사 링크나 공유하는 기사만 보고 판단하기에는 무리가 있다. 페이스북이라는 공간은 그야말로 하루의 몇 분 몇 초가 담기는 곳이지 온 삶이 담기는 곳은 아니기 때문이다. 허공의 먼지만큼이나 많이 떠도는 좋은 글과 말, 멋지고 예쁜 사진이나 그림을 주고받아도 그것은 찰나의 마음 조각일 뿐이다. 오늘도 페이스북은 지나간 날들 가운데 오늘과 같은 날짜의 삶의 찰나 조각을 띄워놓고 '공유'하란다. 공유, 남들에게 '좋아요'를 받기 위해서가 아니라 자신에게 부끄럽지 않은 순간이도록 정성껏 마음을 기울여야 할 일이다.

페이스북에서 통용되는 이모티콘이 있다. 엄지를 치켜든 꼴, 하트 꼴, 웃는 꼴, 멋지다는 꼴, 슬프다는 꼴, 화난다는 꼴…, 마음 같아서는 놀랍다는 꼴, 안타깝다는 꼴, 어이없다는 꼴, 기쁘다는 꼴도 있으면 좋겠다고 생각해 보았다. (분별이겠지만) 그래서 나는 이모티콘을 내 방식대로 쓴다.

엄지를 치켜든 꼴의 '좋아요'는, '좋아요' 뿐만이 아니라 '그렇군요.' '나도 그렇게 생각해요.'라는 뜻으로 쓰고, 눈과 입이 동그래지는 꼴의 '멋지다'는, 멋져 보일 때는 당연히 '멋져요'로 쓰지만 '놀라워요'라고 쓸 때가 더 많다. 동그랗고 큰 눈이 놀랍다는 표정으로 보이니까.

이모티콘을 내 멋대로 쓰는 것 말고도 나만의 규칙이 또 있다. 비록 생각이나 견해가 같아도 그 표현이 거칠거나 험하면 마음 기울여 보질 않는다. 물론 '좋아요' 따위의 공감도 안 한다.

한편 자기 생각이나 글 사진이 아닌 남의 글, 남의 사진이나 기사 영상만 올리면서(공유) 아무런 글이나 견해가 없으면 또한 눈길이 안 간다.

페이스북은 (열어 볼 때마다) 시도 때도 없이 (일어나는) 지금 생각들을 나누자는 것인지, 시도 때도 없이 자꾸만 '무슨 생각을 하고 계신가요?'라고 묻는다. 그럼에도 무조건, 사진(얼굴, 음식, 옷, 갔던 곳)만 올리는 이들은 그때 아무 생각이 없었는지, 아니면 무시하려는 것인지 아무런 설명이 없다. 그럴 때는 공감을 어떻게 해야 할지 조금 난감하다. 그런 까닭으로 곱고 멋진 사진에 재치 있으면서도 점잖고 이로움이 있는 글만 보게 된다. '분별일까! 아님, 가치관일까!' 살피면서.

우리 인간들은 입으로 짓는 네 가지 잘못된 짓業이 있다. 욕하고 저주하고 악담하는 거친 말, 꼬드기고 속이며 사기 치는 거짓말, 아첨하며 이 말 저 말 하면서 꾸미는 말, 어쩌고저쩌고 수다에 쓸 데없는 쭉정이 말이다. 이런 말은 무심코 그냥 나오는 게 아니다. 평소 무의식이나 잠재의식으로 있던 생각들이 상황과 대상을 조건으로 만났을 때 튀어나오는 것이다.

페이스북은 오늘도 묻는다.
(당신은) "지금 무슨 생각하는가?"

굳은살은 엷어지고

산골 촌닭(?)이 모처럼 서울 가는 날, KTX 평창역에서 서울역까지 가는 '빠름 열차'를 탔다. 그 옛날 타곤 했던 기차는 원하면 언제든 의자를 돌려 마주 보게 할 수 있는데, KTX는 4인석으로 마주 보기 의자는 따로 있으며 호실마다 있지도 않다. 등받이가 한 방향으로만 되어 있는 데다 빨리 가는 것에 중점을 두어서인지 의자 폭도 그리 넓지 않고 좁은 편이다.

서울로 가는 열차 (강릉행 열차도 마찬가지다) 안엔 사람이 제법 많았다. 평창을 지나 둔내, 횡성, 만종, 서원주, 양평, 상봉, 청량리를 거쳐 종착역인 서울역이다. 드문드문 비어있던 자리는 잠깐씩 멈추는 역마다 임자가 나타났고, 창밖으로 스치는 풍경은 서울이 가까워질수록 낯설게 바뀌어 갔다. 하지만 열차 안 풍경은 별다름이 없다.

사람들은 저마다 다르지만, 그려내는 상황은 아주 닮았다. 귀에서 흘러내리듯 늘어져 있는 줄과 하나씩 들고 있는 네모 틀에 눈을 고정하고 있다가 열차가 잠시 멈출 때면 고개를 들어 바깥과 안을 재빠르게 스윽-, 둘러본 뒤 네모 틀로 다시 시선을 돌린다. 이윽고 종착역인 서울역에 도착, 도착하기도 전 미리 짐을 챙겨 복도로 나가는 이들과 열릴 문 앞에 이미 서 있는 사람들도 있다. 여전히 네모 틀을 꼭 쥔 채.

서울의 지하철 풍경은 더 닮았다. 옆 사람 앞사람 뒷사람들로부터 방해받지 않겠다는 듯한 의지의 표현으로 보이는 귀마개 소리줄과 네모 틀이 들려있고, 15도 각도로 시선을 고정한 모습들이 마치 개그 프로그램의 한 장면 같다.

내게도 네모 틀이 있다. 눈에 들어오는 풍경과 하나 되지 않으려 주머니 깊숙이 집어넣었다. 그러고는 행여, 네모 틀이 '지-지-지-지-지-지-' 거리지는 않는지 손끝에 신경을 곤두세우고 있다. (에효, 도긴개긴!)

역 바깥으로 나갔다. 걸으면서도 눈은 네모 틀에 붙박아 둔 이들이 보였다. 열차 안에서만 그러는 게 아니었던 거다. 그들은 걷고 있는 걸음에 마음을 기울이는 게 아니었다. 늙은이든 젊은이든 아이든 네모 틀과 귀마개 소리 줄이 하나가 된 듯 보였다. 네모 틀, 네모 세상이 둥둥 떠다니고 있다.

두꺼운 사전, 깨알 같은 글씨가 촘촘하게 박힌 얇디얇은 종잇장을 넘기는 일은, '거북 등에 털 나기, 토끼 머리 뿔나기'만큼이나 보기 어렵고 희귀한 일이 되었다.

가족이든 친구든 둘이 만나도 셋이 만나도, 네다섯이 만나도 눈을 마주 보기보다는 (마주 볼지라도) 손바닥에 있는 네모 틀 보기를 사이사이 틈마다 하고 있다. 소통을 위해 소통을 멀리하고 있는 셈이다. 나 또한 오른손 연필(또는 볼펜)을 잡는 손가락 끝의 굳은살이 엷어진 지 오래다.

벗어나자니 쓸모없는 인간이 되는 것 같고, (네모 틀을) 하루에 몇 번씩 잡고 있자니 노예가 된 듯하고, 네모 틀로 소식 묻자니 아무것도 아닌 일로 번거롭게 하는 건 아닌지 모르겠다는 생각 세상에서 혼자 결론 내려 버리고는, 지금도 손바닥 안의 네모 틀에 검지로 톡톡톡 글을 쓰고 있다.

열차와 지하철에서 본 풍경이 곧 나였다.

그렇기도, 그렇지 않기도 - 나를 '안다'라는 말들에 대하여

'안다'라는 말은 움직씨(동사)로 네이버 사전에서는 1. 교육이나 경험, 사고 행위를 통하여 사물이나 상황에 대한 정보나 지식을 갖추다. 2. 어떤 사실이나 존재, 상태에 대해 의식이나 감각으로 깨닫거나 느끼다. 3. 심리 상태를 마음속으로 느끼거나 깨닫다. 라고 되어 있다.

그러기에 '안다'라는 말은 자칫 또는 자못 자신 있음의 다른 표현이기도 하고 오해를 불러올 수도 있는 말이라고 생각한다. 이 '안다'를 사람에게 쓴다면? 다시 물어보고 싶다.

"무엇을요? 어떤 점을요?"

나에 대해서도 한마디 또는 한 구절로 말하는 걸 들을 때가 있다. 나의 어떤 점 무엇을 보고 그렇게 표현하는지 진짜 궁금하다. 반면 그건 잘못 알고 있는 거라고 알리고 싶다. 난, 나를 안다. 자기 자신보다 자신을 잘 아는 이는 없을 테니까.

가장 많이 듣는 말, "사막에 데려다 놔도 살 사람"

아마도 웬만하고 어지간한 환경에서는 군말 없이 잘 적응하는 듯 보여서 하는 말들일 테지만 아니다. 당최 그런 말 마시라. 난, 사막의 환경조건을 버티고 견딜 근력도 없고, 아주 게으르며, 잘할 줄 아는 것도 별로 없어 사막에 던져두면 며칠 못 가 죽을 것이기 때문이다.

"아메리카 원주민(인디언)" 나를 보면 아메리카 원주민이 떠오른단다.

지혜롭고 차분하고 자연과도 사이좋게 잘 어울린다나? (자연 친화) 이 또한 아니다. 지혜롭지도 않고, 차분한 게 아니라 쾌활하지 않은 거다. 자연과 잘 어울리기보다는 문명이, 문명을 만든 인간들이 자연을 망치는 걸 싫어하는 것뿐이다.

"진짜!"

머리 모양이나 옷 입는 게 익숙해졌을 뿐이고, 다른 옷은 낯설어서 입을 엄두가 안 날 뿐이다. 할 줄 아는 것이라곤 괴로움을 줄이거나 없애는 방법을 쪼금 아는 것뿐이라 이렇게 사는 것이지 진짜 기준에 맞춰보면 허점투성이고 진짜와는 한참 거리가 멀다.

"걸어 다니는 종합 병원"

아, 햇아* 때부터 아픈 데가 많았고, 지금도 아픈 곳이 많고, 고질 통통痛痛이들이 늘 함께 할 때가 많으니까 변명할 생각은 없다. 살아오는 동안 움씬도 못할 만큼 널브러지기도 하고, 기절도 잦았고, 의사로부터 무시무시한 경고도 많이 받았기에 아니라고 우길 생각은 없다만, 돌이 지나도록 혼자 앉지도 못하던 것이 이만큼이나 큰 덩치로 컸고, 내가 선택한 길에서는 더디더라도 주저앉지도 포

---

* 햇아 : 봉평말로 갓난 아기

기하지도 되돌아가지도 않았고, 더디지만 통통이들과 이별 중이
니까 조만간 이 별명은 거두어 주시길!

"갑갑혀, 뭔 말을 못 허겄어. 웃자고 하는 말에 죽자고 덤빈다니
까."

갑갑한 건 맞다. 농담이나 에둘러 말하는 건 잘 못 알아들을 때
가 많으니 변명할 생각은 없다. 그래서 핀잔을 듣곤 한다. 예능을
다큐로 받는다나?

요즘 사람들이 'T'니 'I'니 하는데 솔직히 하나도 모르겠고 무슨
말인지도 못 알아듣는다. 상대방은 가볍게 한 말이라는 데 왜 그리
진지하게 들리는지, 툭- 던진 말이라는데 어찌 그리 심각하게 들
리는지 나도 모르겠다.

"조심스러워 쉽게 말 못 하겠어요. 괜히 지적받고 혼날 것 같아
서."

괜히 지적질에 혼낼 것처럼 보이는가? 아니다. 내가 뭐라고 남
을 혼내겠는가. 누굴 지적할 만큼 잘 살지도 못 하는데. 그냥 숫기
가 많아서 그렇다. 어릴 때는, 방송인 김제동씨 말마따나 버섯이었
다. (버섯, 아시죠?) 그늘에서 나는, 나대지 않고 한쪽 구석에 가만
히 있는 아이. 내가 그랬고 지금도 그게 좋다.

"어려워요. 너무 빈틈이 없어 보여요."

빈틈이 없어 보인다고? 노 노, 노! 허점투성이에 제대로 잘할 줄 아는 것 하나도 없다.

운동신경도 없고, 뛰지는 못하지만 산길 걷기 좋아하는, 그저 그렇고 별 볼 일 없이 주름에 흰 머리카락 늘어가는 반백 살 넘은 평범한 인간이다. 사람 보는 기준이 다르므로, 젊은 벗들이 가끔은 "귀엽다" 하는데 그건 아마도 나이 많은 어르신들의 어떤 행동이 귀여워 보일 때가 있는 것처럼 그렇게 보인다는 뜻일 거고. 정말로 내세울 것 없고. 그릇도 아주 작아 조선간장 종지로만 써야 할 거다.

그렇다. 나를 그릇에 견주자면 조선간장 고추장 종지만 한 그릇 크기다.

담긴 것도 담길 것도 작고 적음에 주제를 알고 분수를 지키려고 노력하는, 산골에서 흙 만지며 흙 내음 맡으며, 총성 없는 전쟁터 같은 각박하고 팍팍한 도시 일상에서 지친 몸과 마음의 쉼이 필요한 이에게 괴롭고 무거운 걸 털어놓고 내려놓을 수 있도록 웃음과 평안함을 챙겨 담도록 도와주는 따뜻하고 편안한 이웃 같은 벗이 고픈, 원願을 품었을 뿐이다.

게다가 자본주의 세상에서 필요한 자격 조건은 그 어떤 것도 갖추지 않았다. 갖춘 게 있다면 (필요한 게 있으면 사야 하니까) 오직 소비자 자격뿐이다. 쓸모라곤 도무지 없고 열정은 사라지고 주름만 늘리면서 늙어가는 중이다. 그럼에도 늘어가는 주름과 흰 머리카락만큼 더 많아지고 깊어지는 통증만큼, 지혜도 늘어나면 좋겠다는 꿈을 키운다.

　그리고 다행인 건 때로는 험한 길, 눈물길, 고생길, 꽃길만은 아니었기에 힘든 상황이 오면 누굴 탓하거나 원망하지 않는다는 것이다.

　어떤 걸, 무얼 나라고 할 수 있을까?

불편한 동거

깊은 밤, 화장실에 갔다.

보일러 분배기가 있는 곳에 있던 생쥐가 쪼르르 나오다가 나와 눈이 마주쳤다. 놀래서 다시 분배기가 있는 곳으로 들어간다. 나는 얼른 나오면서 문을 꼭 닫아버린다.

"내일 아침에 보자~"

아침이 되었고…, 화장실 문을 못 열겠다. 생쥐는 분명 또 재빠르게 쪼르르, 어디론가 도망칠 것이다. 녀석을 도무지 어떻게 하면 좋을지 모르겠다. 문고리를 잡고는 망설이고 서 있는 나를 보다가 기억을 더듬어 본다. 녀석과 마주치곤 한지는 어느덧 보름 남짓, 녀석은 참말로 너무 작다. 1센티도 안 돼 보이는 틈으로도 어쩜 그리 잘 다니는지 신기하기만 하다.

얼마 전 쓰레기봉투 안으로 들어갔기에 바깥으로 잘 내보냈는
데 어떻게? 어디로 또 들어왔는지 모르겠다. 하여 보름 넘게 불편
한 동거를 하고 있다. 동거를 그만 끝내고 싶다. 하지만 어떻게 끝
내야 할지 녀석을 만날 때마다 머리가 하얘지곤 한다. 녀석들이 먹
으면 죽는 약까지는 쓰고 싶지 않기 때문이다. 녀석은 온 방을 제
집 드나들듯 쏘다니는 건 물론이고 부엌 구석구석을 다 헤매고 다
니면서 제 흔적까지 남겨놓는 통에 아침마다 흔적 없애는 것이 하
루 일의 시작이 돼버렸다.

문제는 찜찜하다는 것. 그리고 보는 이마다 "꺄아악-!" 하는 것
도 그렇지만 '위생을 생각해서라도 같이 살 수는 없는 노릇'이라
는 생각에 미치자, 숨을 크게 들이쉬고는 들어간다는 신호로 화장
실 문을 한참 두드린다. 그러고는 조심스레 문을 열었다.

'어랏? 안 보이네. 어디로 갔지! 여기도 뭔 구멍이 있었나?' 좁은
화장실을 아무리 둘러봐도 보이질 않는다. 에휴!

포기하고는 '볼일이나 보자' 하는 생각으로 변기로 다가갔다.

'옴마야~!'

생쥐는 변기 물에 빠져서 변기 바깥으로 나오려고 발버둥을 치
고 있었다. '아고야, 어떻게 하면 좋다니?' 볼일이고 뭐고 얼른 돌
아서서 나왔다. 어떻게 하면 좋을지 생각이 얼른 나질 않는다. 가
슴은 콩닥콩닥 두근두근…, 카카오톡으로 아침마다 지혜의 글을
올려주시는 스님께 대략난감의 하소연과 함께 조언을 구한다.

'나도 참…, 만약 내가 그렇게 빠졌거나 가족 또는 지인이 빠졌다면 어떻게 하고 있을까! 이렇게 하소연하고 있을까!' 마음을 살피고 있는데, "집게로 건지라" 하신다. '아, 맞다. 집게!'

먼저 튼튼한 비닐봉지를 준비하고 그 안에 떡 조각도 넣고 집게를 들고 변기로 갔다. 물에 빠진 생쥐는 그 안에서 나오려고 여전히 바둥거리고 있었다.

'어떻게 들어왔는지는 모르겠지만 나를 볼 때마다 얼마나 무서울까! 에효, 너도 참…!'

산만큼이나 큰 덩치의 괴물이 자기를 잡으려고 하는 걸 알면서도 나갈 곳을 못 찾아 쪼르르 쪼르르 여기저기 다니다가 괴물과 눈이라도 마주치면 꼼짝도 못 하고 바들바들 떨어야 했을 테니 말이다.

물에 빠져 바들거리는 생쥐를 집게로 집어서 비닐봉지에 넣고 입구를 살짝 오므린 뒤 얼른 차에 올라 시동을 건 뒤, 5리 밖 냇가 갈대밭으로 가서 놓아주었다. 녀석은 비틀비틀 풀숲으로 들어갔다. 얼마나 안간힘을 썼는지 쪼르르 내달리지도 못하고 비실비실 멀어져갔다.

풀 섶에 가지고 간 떡을 놓아주고는 갈대밭을 향해 "생쥐야, 버텨 줘서 고마워~ 앞으로 두 번 다시 안 보길 바래~ 잘 살아~" 아, 어쨌거나 녀석을 죽이지 않게 되어 고마운 날이다.

어쨌든 겨울철만 되면 생쥐와 겪었던 똑같은 일은 아닐지라도 그에 못지않은 신경전을 벌여야 했다. 쥐들은 먹을 것이 없어지고 추워지면 먹을 것이 있고 춥지 않은, 곧 사람이 사는 공간으로 들어온다. 제일 인기 있는 곳은, 쌀이나 곡식이 있는 고방庫房일 것이나 요즘은 고방이 없다. 그러기에 종이나 비닐 더미나 스티로폼 같은 단열재가 있는 곳을 좋아한다. 그러기에 또 다른 생쥐, 그 가족들, 그 가족의 후손들일지도 모르는 쥐들과는 1년에 한 철씩은 불편한 관계로 지내야 한다.

쥐들은 보통 천정에 살면서 나의 신경을 긁을 때가 많다. 거의 날마다는 올림픽 경기 출전 준비를 하는 건지 이 끝에서 저 끝으로 후다닥거리며 달음박질하기도 하고, 단열재로 넣어둔 스티로폼을 빠직빠직 깔그작깔그작, 나의 신경을 갉아대듯 갉아대기도 한다. 그럴 때마다 나무 막대기로 천정을 올려 쳐대며 조용히 하라는 신호를 보낸다. 그러나 '너는 그래라 나는 내 할 일 하겠다'라는 듯 요지부동이다. 문제는 바람이 불 때마다 천장 속 마감재인 스티로폼이 나무 틈새로 삐져나오면서 아래로 눈처럼 흩날린다는 거다.

쥐를 다 내쫓을 수도 없고 갉아대는 걸 막을 수도 없다. 그렇다고 날마다 신경전을 벌일 수도 없는 노릇이고 그저, 스티로폼이 흩날리지 않기를 바라는 마음으로 틈새를 실리콘으로 막는 수밖에.

시골 오래된 집에 사는 또 다른 세稅를 치르는 거라고 여기면서, 오늘도 '서로 피해 주지 말고 더불어 겨울 잘 나자꾸나!' 알아듣기를 바라는 마음으로 천정을 향해 중얼거리다 한 번씩 큰 소리로 말하곤 한다.

"제발, 인간이 사는 아래 공간으로만 내려오지 마렴~!"

은행나무 이야기

얼마 전 봉평면에서 용평면으로 이사를 했다.

어렸을 때, 집에서 학교까지의 십리 길을 걸어 다녀야 했던 나로서는 백옥포 마을에 살면서 버스를 타고 다니던 아이들을 부러워했다. 그때 생긴 버스 길로 여전히 장평에서 봉평으로 버스가 드나들고. 평창역에서도 손님들을 태우고 드나드는 버스도 다니고 다른 지역에서 오는 관광버스도 다니고 있다.

이사한 집은 그 옛날 찻길은 물론 영동고속도로로 온갖 차들이 오가는 걸 심심치 않게 볼 수 있는 곳에 있다. 그리고 집으로 들어오는 들머리이자 마당 끝에는 나보다도 훨씬 나이가 많아 보이는, 오랜 세월 동안 이 집은 물론이고 이 마을의 역사를 지켜보았을 듯한 은행나무가 한 그루 서 있다.

이삿짐을 정리하고 나 또한 겨울을 맞이할 준비를 마친 듯하여 한가해진 날, 노랬을 은행잎을 진즉 떨구어 버리고 매운 겨울 칼

바람을 다 맞겠다는 듯 수문장처럼 늠름하게 서 있는 은행나무껍질을 가만히 쓰다듬어 본다. 내 품에 다 들어오지 않는 굵기의 나무는 살아온 세월이 녹록하지 않았음을 껍질로 말해주었다. 내 손끝에 느껴지는 껍질은 딱딱하다 못해 억세고 거칠거칠했다. 반면 아직 가느다란 가지들은 거칠어 보이지만 막상 만져보면 매끈하다.

억세고 거친 나무에 기대어 귀를 대본다. 마치 나무의 온 삶을 들어보겠다는 듯!

올려다보던 집 처마를 언제부터 내려다보았는지는 기억나질 않아.

여기서 사는 동안, 저 건너 야트막한 산 배에 구멍이 나면서 네 바퀴짜리 여섯 바퀴 짜리들이 낮이고 밤이고 어디론가 바쁘게 치달리고 내달리는 걸 보는 재미도 생겼고, 아래 밭이 없어지고 농사짓는 기계들을 빌려주는 집이 크게 들어서는 것도 보았지.

그 옛날에는 맨날 그날이 그날 같았는데 한 이십 년, 십 년 전부터는 얼마나 빠르게 바뀌는지 어질어질할 때가 많다니~ 내가 살아가는 속도로 보면 참으로 시끄럽고 정신없지 뭐.

오래전, 날짜는 기억나지 않지만 짝도 없이 이 집 마당에 심겼어. 왜, 무슨 일로 이 자리에 심겼는지는 지금까지도 몰러. 어쩌면 누군가 약으로 쓰려고 구한 열매 가운데 한 알이 여기에 떨어져 싹을 틔우고 뿌리를 내려 용케 살아남았는지도 모를 일이고….

그런데 지난 몇 달은 마치 몇 년 아니 몇십 년처럼 길게만 느껴졌어. 삶과 죽음의 경계에서 널뛰기하는 심정으로 마음 졸이는 나날들이었거든.

맨 처음 이 집을 짓고 살았던 이는, 이 집을 떠난 지 십 년도 훌쩍 넘었지 아마? 그 뒤 옆 마을 어딘가에서 살던 김 씨 노인 부부가 이사를 왔어. 은행나무 옆으로 장미 나무, 앵두나무, 사과나무, 엄나무도 줄지어 심겼는데 떠난 이들이 심었는지 새로 이사 온 김 씨 노인의 아내가 심었는지 기억이 가물거리네. 부지런한 부부는 그 앞에 뽕나무를 타고 올라갈 수 있는 줄콩을 심었어. 그리고 노는 땅만 있으면 강냉이를 심었는데 아마도 자식들한테 보내느라고 그랬을 거야.

여느 곳보다 가을이 짧은 산골이다 보니 내 줄기와 가지에 돋았던 노란 잎은 빨리 떨어져 버리지. 바람이 불면 맥없이 우수수! 안 그러면 겨울을 견디지 못하고 얼어버릴 테니 어쩌겠어. 노부부는 노란 잎을 부지런히 쓸어 담아 텃밭이나 꽃밭으로 던졌지. 그리고 한 번씩 중얼거리더구먼.

"에잇, 잘라버려야지. 은행도 열지 않는 것이 낙엽 쓰레기만 떨쿠니 원!"

듣기 싫었지만 '늙고 힘이 없어 힘들어서 잔소리하는가 보다.'라며 그러려니 했어. 그런데 어느 날부턴가 (자르겠다는) 그 소리가 부쩍 심해졌고, 급기야는 중장비를 다루는 옆집 젊은이에게 부탁까지 하는 거여.
"시간이 날 때 이 나무 좀 잘라 줘."
김 씨 노인의 아내가 세상을 먼저 떠났는데, 생각해 보니 그때부터 부쩍 자주 그랬던 듯해.

옆집 젊은이는 늘 바빴어. 그의 중장비 기계와 기술이 필요한 이가 있을 때면 큰 차에 장비를 싣고 나가서는 장비 없이 며칠 몇 달씩 사람만 들어올 때도 있고, 같이 들어왔다가도 곧 나가곤 해서 집에 있는 날이 별로 없었어.
이제나저제나 (은행나무) 밑동까지 싹둑 잘라주기를 기다리던 김 씨 노인은, 가을이 다 지나도록 잘라줄 기미가 안 보이자, 면사무소까지 가서 "나무를 잘라 달라" 했다는 거여. 언제 (자르러) 들이닥칠지 몰라서 얼매나 가슴을 졸였는지 몰러. 그렇게 가슴 졸이며 지내다 보니 어느새 초겨울에 들어섰지 뭐여. 아까도 말했듯이 이 산골은 가을이 짧잖어? 저 아랫녘은 가을인데 여기는 초겨울이란 말이지. 다른 지역보다 겨울이 빨리 오고 늦게 가는 곳답게 말이지.

김 씨 노인은 떨어진 노란 잎을 부지런히 쓸어 담아 텃밭과 다른 나무 밑에다 던져버렸어. 기력이 쇠약해져 숨을 몰아쉬며 주변의 그 어떤 나무보다도 큰 나를 올려다보곤 했지. '하늘 높은 줄은 아는지 자꾸만 하늘을 향해 크고 있어 여간 성가신 게 아니다'라고 여기는 듯 '언제 자르러 올란가!' 혀를 끌끌 차면서 집 안으로 들어가곤 했지.

저 아랫길로 전기톱을 들고 올 사람들을 기다리던 김 씨 노인은 동장군이 들이닥치기 전 그만 세상을 떠났어. 옆집 젊은이는 김 씨 소원을 못 들어준 것 같아 미안해하더구먼.

젊은이는 죽은 노인의 집을 상속받을 아들들과 의논하여 이 집을 사겠다고 임시 계약을 했어. 노인이 이 세상과 이별했다는 사망 신고가 끝나면 얼른 수리해서 되팔아야겠다고 생각했던 거지. 그러고는 팔기 전에 '은행나무는 물론이고 그 옆으로 너저분하게 울타리 쳐진 나무들도 죄다 잘라버려야지' 다짐하는 것 같았어.

그런데 갑자기 집이 팔렸어. 아직 복덕방에 내놓기도 전인데 말이여.

(옆집 젊은이가) 어느 날 일 나갔다가 마을 아는 동생과 지인이랑 돌아오더니 함께 빈집 안으로 들어 가대. 나와서

이런저런 이야기를 하더니 그 끝에 집을 팔 거라는 거여.
다음 날 집을 사겠다는 사람이 왔어. 승려였지. 그니는 집
을 한 바퀴 둘러보고 저 위에 솔밭도 가 보고, 이쪽저쪽 밭
도 둘러보고 하더니 계약하러 오겠다고 하대? 그날 저녁
그니는 옆집으로 집을 계약하러 왔고, 며칠 뒤부터 전기선
을 손보고 도배를 하는 둥 수리를 하기 시작하더구만.
새로 이사를 온 이는 물론이고 찾아오는 이들 모두, "집
앞에 은행나무가 있어 너무 좋다."라고들 허대? 아, 이제
는 잘려 죽을 일은 없을 것 같다. 안심했지.
그런데 어느 날 옆집 젊은이가 창가에서 나를 내다보며 새
로 이사 온 이에게 그러는 거여.

"저 나무 잘라 달라면 잘라줄 테니 말해요." 심장이 두근
댔지. 그런데 그니가,
"아니, 왜요? 절대 자르지 마세요." 하는 거여. 얼마나 마
음이 놓이든지…,
옆집 젊은이가 그러대?
"이 은행나무가 살라는 팔잔가 봐요. 내가 바쁘지만 않았
으면 벌써 싹둑 잘렸을 거요. 내가 못 잘라주니까 노친네
가 면사무소까지 가서 말했는가 본데 나오기 전에 가셨으
니 말이오. 만약 이사 오지 않았으면 겨울에 일 없을 때 싹
둑 자르고 저 옆의 것들도 싹 밀어버리려고 했거든요."

아, 이제 정말로 안심이야.

새로 이사 온 이는 절대 자르지 않겠다는 건 물론이고 잎 하나 없는 앙상한 나무를 창문으로 내다보며 흐뭇해하고 있으니 말이여. 요즘은 씽씽 부는 바람이 푸근하게 느껴진 다니까!

바람이 걸리지 않는 앙상한 가지, 몽글몽글 연두 봄빛, 짙푸른 여름빛, 노오란 가을빛, 빈 겨울빛으로…, 철 따라 옷을 바꾸어 입으며 마당 끝 들어오는 길목에 든든하게 서 있는 수문장 같은 은행나무를 바라보노라면 괜시리 뿌듯하고 흐뭇하다.

아름다운 마무리를 꿈꾼다

예절인 건 알겠는데 어쩌면 좋다냐!

올해 들어서면서 벌써 몇 차례 마을 반장으로부터 부고 문자를 받았다. 하지만 고인과는 물론 유족과도 일면식이 없는지라 '또 누가 돌아가셨구나!' 할 뿐 문상을 가진 않았다. 그런데 봄이 시작되면서부터는 달마다 문상을 가고 있다. 2월엔 지인 어머니, 3월엔 마을 이장 댁 어머니, 4월엔 지인의 아버지가 세상과 이별하셨다는 문자를 받았기 때문이다.

언젠가부터 우리는 혼례를 치르는 집을 예식장이라 일컫듯 상가를 장례식장이라고 일컫는다. 어쨌든 몇 년 만에 가 보는 장례식장, 시골이었지만 도심과는 별 차이가 없다. 일제강점기 문화의 잔재인 일본식 상복인 검은 양복에 검은 한복으로 통일한 모습의 풍경 또한 별 다름없어 보인다. 유족이 입는 옷은 남자든 여자든, 바느질이 안 된 삼베옷에 굴건을 쓰지 않는 상주는 물론 촌수에 따라 굴건 행전行纏을 달리했던 상복을 볼 수 없게 된 지가 오래라는 말이다.

도심 쪽 장례식장과 다른 게 있다면 건물 크기다. 시골 장례식장 건물은 도심 속 장례식장 건물보다는 엄청 단출하다. 내가 문상 간 장례식장은 영안실이 두 칸인데 그마저도 (그때는) 단독으로 쓰고 있어 한산하기까지 했다.

어쨌든 상가에 가면 참 많은 걸 떠올려 보고 생각하게 된다. 아이러니하게도 '삶을 어떻게 살아야 하는가'를 깊이 생각하게 되고 '잘 살아야겠다.'라는 생각도 하게 된다.

우리나라에서 염殮을 비롯한 장례 절차로 명인인 유재철 님은 대통령의 장례를 가장 많이 치렀고, 재벌가 회장에서 연고 없는 이의 죽음까지 수천 명의 죽음을 거두면서 '죽임을 당하는 자'와 '죽음을 할 수 없이 받아들이는 자'가 있으며, 아주 드물게는 '죽음을 맞이하는 이'가 있음을, 죽은 이의 모습과 유족들을 통해서 보았다고 한다.

수행자의 삶 불자佛子의 삶이 맑고 향기롭게 되길 바랐던 법정 스님 또한 사람들의 죽음을 보면서 '아름다운 마무리'를 생각하였던 건 아닌가 싶다.

'아름다운 마무리'는,

처음 마음으로 돌아가는 것.

'나는 누구인가?' 묻는 것.

내려놓음이고 비움인 것.

삶의 본질인 놀이를 회복하는 것.

지금이 바로 그때임을 아는 것.

용서이고 이해이고 자비인 것.

대지와 해와 강 나무와 풀을

돌아보고 내 안의 자연을 찾는 것.

개체인 나를 뛰어넘어 전체를 만나는 것.

나를 얽어매고 있는 구속과 생각들로부터 벗어나 자유로

워지는 것.

차 한 잔을 앞에 두고 그 향기와 맛과 빛깔을 음미하는 것.

스스로 가난과 간소함을 선택하고 단순해지는 것.

살아온 나날들에 찬사를 보내는 것.

언제든 떠날 채비를 갖추는 것.*

　법정 스님이 쓴 책 『아름다운 마무리』 가운데 들어있는 글귀를 통해 법정 스님이 생각하였던 '아름다운 마무리'에 깊이 공감하는 한편 생애 처음이자 마지막으로 말빚을 갚기 위해 주례를 서면서

---

* 법정, 『아름다운 마무리』, 문학의 숲, 2008.

신랑 신부에게 숙제로 내주었다는 주례사를 떠올렸다.

　법정 스님의 주례사는 신랑 신부는 물론이고 이 땅의 모든 이들이 과제 삼아야 할 글이다.

　　될 수 있는 한 쓰레기를 만들지 말고,
　　꼭 필요한 게 아니면 사지 말며
　　광고에 속지 말고 충동구매 말라.
　　가진 것이 많을수록 빼앗기는 것
　　또한 많다는 사실을 늘 기억하라.

　사실 상가에 갈 때마다 법정 스님의 '아름다운 마무리'와 '당부'도 머릿속에서 맴맴 돈다. 만약 망자가 삶에서 안고 있던 지병이 있어 고통스러웠다면 고통에서 놓여난 일일 테니, 어찌 보면 서로를 위해 잘된 일이지 슬퍼하거나 안타깝거나 애석해하고 집착할 대상은 아니리라.

　그러나 그 안에서 내 눈과 마음을 붙잡고 늘어지는 것이 있으니 바로 플라스틱(비닐) 쓰레기다. 우리나라는 문상 예절 문화가 있다. 빛깔이 요란스럽지 않은 (거의는) 검은빛의 옷을 입고 장례식장을 찾아가면 망자와 촌수가 적당한 유족의 인사를 받으며 망자의 영정이 모셔져 있는 방으로 들어서 망자를 향해 인사를 하고, 이어 상주와 인사를 나눈다. 그러면 상주(또는 유족들)는 으레껏 음식이 차려진 공간으로 안내한다. 상갓집 음식을 꺼리는 사람은 적당히 거절한다는데, 별 거리낌이 없는 나는 시간대에 따라 밥을 먹을 때도 있고 음료만 마실 때도 있다.

예로부터 우리 조상들은 장례식을 큰 잔치로 여겨 오는 이 누구에게나 음식을 대접해 보내려는 문화가 있다. 빌어먹는 거지라 할지라도 걸판지게 한 상 차려주는 게 미덕이고 음덕이라 여겼으니 말이다. (지금도 거지들, 아니 노숙자들이 오면 그렇게 차려주는지는 모르겠지만) 먹을 것이 귀하던 때의 사람들은 마을에 잔치(혼례 또는 초상)가 있으면 갖가지 음식을 골고루 맛볼 수 있는 영양 보충의 기회였다.

그렇게 문상 온 이들에게 음식을 베푸는 일을 당연하게 여기는 건 예나 지금이나 마찬가지인가 본데 옛날과 달라진 건 엄청 많다. 잔칫집 마당에 솥을 걸고 동네 아낙들이 모여 육개장을 끓이고 지짐을 하는 풍경은 볼 수 없고, 대신 '상조회'라는 곳에서 장례 절차에 필요한 모든 걸 대행하고 있다. 상가에 필요한 모든 일, 곧 음식을 준비하고 날라다 주고 치우는 일까지 다 하고 있다는 것이다.

문제는 많은 양의 쓰레기다. 음식을 담았던 접시며, 음료와 술을 마신 일회용 컵이며 나무젓가락 플라스틱 수저…, 상마다 몇 겹으로 덮여 있는 비닐 위에 차려진 갖가지의 음식을 손님에게 대접한 뒤 손님들이 일어나면 음식이 담겨있는 접시와 빈 접시들을 분리한 뒤, 빈 접시와 수저, 종이컵들이 남아있는 비닐 한 겹을 걷어 보

자기 싸듯 둘둘 말아 큰 쓰레기봉투에 구겨 넣는다. 첫날 이미 100
리터짜리 쓰레기봉투가 가득 차는데, 보통 삼일장(또는 오일장, 요
즘은 사일장도 치른다고)을 치르는 장례일 기간 얼마큼 많은 쓰레기
가 쏟아져 나올지는 안 봐도 상상이 된다.

그러지 않아도 쓰레기는 나라와 나라 사이에도 문제가 되고 있
다. 우리나라는 2019년 기준으로 한 사람당 일회용 플라스틱 쓰레
기를 44kg를 버려 영국과 함께 공동 3위를 차지했다고 하는데 코
로나가 휘돌아 치면서 음식을 배달시켜 먹는 일이 늘어난 데다 쓰
고 버리는 일회용 마스크 쓰레기까지 더해져 몇 배는 더 늘어났을
것이다.

기후 위기를 심각하게 여기고 '일회용을 쓰지 말자', '쓰레기를
줄이자'라는 목소리를 내고 실천하는 이들이 있는가 하면, 또 한
편에서는 '난 모르는 일, 편리하기만 하면 돼'로 여기고 무분별하
게 편리함만 쫓고 있는 이들도 많다.

장례식장에서 플라스틱 그릇으로 차려진 밥상을 앞에 놓고 혼
잣말인 듯 "저 쓰레기를 다 어찌할꼬!" 중얼거리면서, 나만이라도
쓰레기를 덜 보태자는 생각에 플라스틱 숟가락은 아예 뜯지 않고,
물은 늘 가지고 다니는 컵에 따라 마셨다. 그러고는 빈 접시를 가
지고 음식을 "더 달라" 했더니 아무런 망설임 없이 너무도 자연스
럽게 빈 접시를 받아 쓰레기봉투 안으로 던지듯 넣고는 미리 음식
을 담아둔 다른 접시를 내준다. '헐…!' 요즘 젊은이들 말로 정말

'헐'이다.

'한 사람이 삶을 마무리하는 순간에도 참 많은 쓰레기를 남기고 가는구나!' 싶은 생각이 들어 중얼거릴라치면, 장례를 치르는 상주들은 물론 손님들도 입을 모아 어쩔 수 없다고 말한다. 정말 그럴까! 다른 방법은 없는 걸까! 편리함과 물질의 이익만 따지면 되는 걸까!'

죽은 이는 어찌할 수 없다. 아무리 좋은 방식의 장례식을 유언으로 남겼다고 해도 남은 이들의 몫이다. 붓다도 그런 이치를 아셨는지 제자가 "장례식은 어떻게 할까요?"라고 여쭈니 꾸시나가르(돌아가신 곳 마을 이름) "마을 사람들이 알아서 할 것이다." 하셨단다. 인도 문화에 따른 일이겠지만 오늘날과 별 다름없어 주억거리면서 그래도 희망을 걸어 보련다. 나의 죽음을 마무리하게 될 인연들에게.

만약, 난치 또는 불치병에 걸려 희망이 없다면 연명치료는 거부합니다.
'생명나눔실천본부'에 시신, 안구, 장기 기증을 했으니, 숨이 끊어지면 얼른 그곳에 전화를 걸어 회원 번호를 '05-02977' 알려주고 그곳과 의논하기를!
절차가 끝나면 간단하게 화장한 뒤 가루는 숲속에 뿌려주기를!

다른 남기는 말은 운영하던 네이버 카페 무위산방에 있으
니 참조하면 좋겠습니다.

그리고 덧붙여 계획해 본다. 죽은 뒤 쓰레기까지 남길 필요는 없
으니까 살아있을 때 미리 장례식을, 아니 가까운 이들과 추억을 나
누며 이별 잔치를 하하 호호 미리 하는 거다. 평소에 쓰던 그릇에
한 가지라도 내가 만든 음식을 담아 나의 장례식에 온 이들을 대
접하면서!

잘 맞이하는 방법은 알겠는데 잘 마무리하는 일은 나 혼자 결
정할 일이 아닌 듯하여 더 깊이 생각해 볼 일이다. 화두가 아닐 수
없다.

날마다 시나브로

불교에는 방생불공放生佛供이 있다. 방생불공? 글자로만 풀자면
'(위험에 처했거나 죽어가는) 생명을 놓아주(고 살리)는 일을 부처님
께 공양 올리듯 한다'라는 뜻이라고 봐도 지나침이 없을 듯하다.
그런 까닭으로 '추어탕집에 팔려 갈 미꾸라지나 보신탕집에 팔려
갈 자라나 물고기를 사서 강이나 바다에 놓아주면서 불공드리는'
모습을 TV에서 가끔 볼 때도 있다. 음…! 그렇게 하는 것도 방생은
방생이다.

하지만 죽어가는 또는 죽을지도 모르는 생명, 위험에 놓인 생명
을 구해주는 그 방생을 1년에 한 번, 날 잡아 할 게 아니라 늘 하면
더 좋지 않을까?

평소, 가정에서는 설거지나 빨래할 때 세제 조금만 쓰거나 안 쓰기. 또는 천연세제 쓰기. 냉장고에 음식 쟁여두지 않기. 냉장고 늘리지 않기. 음식쓰레기와 일반쓰레기는 물론 재활용이 가능한 것들은 분류해 버리기. 헤어스프레이 쓰지 않기. 변기 물 모았다가 한꺼번에 내리기. 목욕물 샤워 물 빨래 설거지물 아끼기. 비닐 플라스틱 쓰레기 함부로 버리지 않기. 또는 함부로 태우지 않기. 부채나 선풍기 쓰며 에어컨 덜 쓰고 안 쓰기. 옷이나 내복 더 입으며 난방기구 덜 쓰기. 여러 가지 일회용품 덜 쓰고 안 쓰기. 안 쓰는 전기선 플러그 뽑고 전기 아끼기. 일회용 컵 안 쓰고 개인 컵 들고 다니기. 등산 또는 나들이 갔다가 돌아올 때 함부로 버려진 쓰레기 주워 오기. 취미로 재미로 일부러 물고기 새 짐승 낚시질하지 않고 사냥하지 않기. 농사지을 때 제초제 살충제 안 쓰기. 집이나 건물을 지을 때 자연을 훼손하기보다는 그대로 살려 짓기. 돈을 목적으로 마구잡이 개발하지 않기….

둘러보고 찾아보면 방생에 맞는 실천할 일들이 참 많고도 많다.
편리한 것에 익숙해지는 동안 땅을 죽이고 물을 죽이고 끝내는 모든 생명이 병들어 가거나 죽어간다. 얼마 전 금강에 다녀왔다. 강원도를 벗어나자 뿌연 미세먼지는 더욱더 심해져서 하늘이 안 보이고 구름이 보이질 않았다. 미하엘 엔데의 『모모』에 나오는 '회색 도시'가 연상되면서 더워지는 날씨에도 속절없이 벙글벙글 활짝 피는 꽃들이 안쓰럽게 느껴질 정도였다.

이런 실정이고 보니 어떤 이들은 말한다.

"이 나라는 더 이상 희망이 없는 것 같아요. 차라리 이민 가는 게 낫겠다 싶어요. 이런 상황에 환경오염 안 시키는 일들이 무슨 의미가 있을까요?"

탓하고 한탄만 하다가 다른 곳으로 떠나면 해결되는 일일까!

산 좋고 물 맑은 금수강산이라던 대한민국이 어쩌다 이렇게 됐을까? 반백 년도 지나지 않았는데 이렇게 발전하고 달라진 걸 자랑만 삼았던 때문인데, 이제는 싫다고 못 살겠다고 떠나버리면 해결되는 걸까? 우리 아이들에게 물려줄 나라가 있기는 한 걸까? 이제부터라도 덜 쓰고 안 쓰는 것으로 다 같이 실천해야 하지 않을까? 하고 싶은 말들이 뒤엉켜 머릿속을 맴맴 돌았다.

우리 세대는 어쩔 수 없다 하더라도 아이들, 아이들의 아이들에게는 무엇이 살리는 일이고 무엇이 죽이는 일인지 제대로 알려 줘야 하지 않을까? 진짜 방생 말이다.

임사 체험한 이들의 말에 따르면, 죽음을 맞닥뜨리면 살아온 온 삶이 파노라마처럼 순간 찰나 펼쳐진다고 한다. 부끄러운 순간들 대신 세상에 이로웠던, 평안하고 행복했던 순간들이 펼쳐지면 좋겠다는 바람이다. 죽음이 다가와 세상을 떠나는 순간, 눈을 감았다가 다시 뜨지 못할 순간이 오면 후회나 아쉬움, 미련이나 두려움으로 마무리하지 않으려면 방생을 순간순간 해야겠다. 무시로 시나브로.

풀인지 꽃인지

날마다 또는 사나흘에 한 번꼴로 풀 뽑기를 해도 모르겠고, 뽑을 것인지 뽑지 말아야 할 것인지 아무리 봐도 모르겠는데 풀을 뽑아내야 한다. "풀인지 꽃인지, 이 풀이 저 꽃 같고 저 꽃이 저 풀 같다." 어쩌다 풀을 뽑는 이의 말이다.

서울 사는 할머니는 멋 내느라 일부러 구멍 낸 손녀의 청바지 구멍을 모조리 꿰매서 기워 놓고, 시골 사는 할머니는 콩이나 들깨 같은 곡식만 뺀 나머지는 풀이라고 여겨 비싸게 주고 사다 심은 꽃모종을 다 뽑아내더라. 지어낸 이야기가 아니라 누군가 일상에서 진짜로 경험한 이야기다.

윗집, 밭이었던 곳에 집이 들어섰고 나이가 지긋한 어르신들이 이사를 오셨다. 어쩌나 부지런하신지 집 앞은 풀이나 새싹 한 포기 없다. 보이는 족족 싸그리 뽑아내서 지나다니며 보는 이들은 "먹을 게 떨어져도 티가 안 묻을 것"이라고 말할 정도다. 올해는 아예 저 아래 들머리의 풀들까지 말끔히 뽑아 치우시더니 끝내는 비닐을 씌운 뒤 꽃을 심으신다. 어느 곳에서나 누구나 볼 수 있고 누구나 아는 꽃이다.

3년 전 이 동네로 처음 이사를 왔을 때의 풍경(?)은 농사지으러 다니는 이들이 여기저기 버리고 간 비닐이며 쓰레기가 곳곳에 채여 있는가 하면, 밭은 제초제를 쳤기 때문에 검은 비닐 조각이 풀처럼 나풀거리고 정작 풀은 별로 없으나 그 옆은 경쟁에서 살아남은 억센 풀과 환삼덩굴이 해를 거듭해, 나고 지고 나고 지고를 해서 마른 덩굴 무더기가 길을 가득 덮고 있어 심란해 보였다. 하여 날마다 환삼덩굴을 뽑아내는 한편, 벗들과 한 철에 한 번씩 쓰레기를 줍고 길가에 코스모스나 봉선화를 심고 틈틈이 풀을 뽑아낸 기억이 있다.

봄마다 마당 끝 길가는 환삼덩굴 대신 풀인지 꽃인지 모를 푸름이들이 빽빽하기 그지없다. 윗집 어르신이 보기에 답답하셨는지, "풀을 매도 되겠냐?"라고 하시는데, "꽃을 심어 놓았어요." 하였더니 개운하게 뽑고 싶겠지만 손을 못 대신다. 그 까닭은 풀인지 꽃인지 모르기 때문이다. 엊그제도 열심히 풀을 매고 계셨는데 풀만 뽑은 게 아니라 꽃까지 다 뽑으셔서 과꽃을 남겨 두셨던 할머니로부터 타박을 받더라는 말을 들었다. 도심에서 이사 오셨으니 당연한 일이다. 가까이 사는 벗도 시골살이 몇 년인데도 아직 어느 게 풀이고 어느 게 꽃인지 모른다. 코스모스. 해바라기, 봉선화 정도만 분명히 알 뿐 나팔꽃, 수레국화, 벌개미취, 비올라, 광대나물꽃, 양귀비, 범의 꼬리나 꽈리 순은 모르겠단다.

오늘도 풀을 뽑는다. 비가 오신 뒤라 그런지 며칠 전만 해도 두 마디 정도 되던 풀들이 한 뼘 넘게 자라있다. 꽃보다 키가 더 크다. 꽃 사이의 풀을 상추 솎아내듯 뽑아낸다. 풀이든 꽃이든 자연 그대로 두면 더없이 좋겠지만 '사람이 산다'라는 티는 내야겠다 싶어

무조건 뽑지 않고 요령껏 솎아내는데, 멀리서 보면 뽑았는지 안 뽑았는지 잘 모른다.

이러할지니, 어쩌다 한 번 가끔 오는 벗들이 어찌 풀 뽑을 엄두를 낼 수 있을까 싶으면서 우리네들이 '좋은 생각인지 안 좋은 생각인지, 좋은 일인지 안 좋은 일이기를 구분하는 일이 이와 같겠구나.'라는 생각이 들었다. 자신이 하는 말과 행동이 좋은 결과가 오는지, 안 좋은 결과가 오는 일인지도 모르는데 하물며 과보果報가 안 남는 바른 일을 어찌 알겠나 싶다.

'좋은 게 좋은 것'이라며 좋은 일이라면 무조건 하고 보는, 하고 나서 괴롭고 불편함이 닥치면 '이럴 줄 몰랐네.' 후회하고 다시는 안 하겠다 작심하다가 또 그런 상황이 오면 '좋은 일이니까' 하고 마는 이를 주변에서 흔히 본다. 꽃인 줄 알고 안 뽑았는데 알고 보니 억센 풀이라 꽃밭을 장악해 버리는 결과를 얻거나, 풀인 줄 알았는데 알고 보니 귀한 꽃인 경우도 많은 것처럼.

죽어봐야 아는 게 아니다

'호스피스'라는 말은 그 옛날 예루살렘을 순례하는 순례자들이 편안하게 묵어갈 '여관'을 뜻하는 말이었다고 한다. 그러니까 병원이나 의학과는 아무런 상관없는 말이었던 것. 그런 까닭으로 '호스피스'를 '평온관'이라고 이름 지은 '김여환' 원장은, 천 번의 죽음을 통해 천 번의 삶을 본 뒤 "죽음에 무관심하지 말고, 지나갈 어떤 일에 너무 초집중하지도 말라. 죽음은 삶의 완성이며 또 다른 세계의 시작이라고 한다. 존엄한 삶이 존엄한 죽음을 맞는다."라는 말을 했다. 그러면서 일반 사람들이 막연하게 생각하는 죽음과 현실에서 맞닥뜨리는 죽음은 엄청 차이가 난다고 말한다.

나 또한 그렇게 생각한다. 시다림屍多林을 하러 죽음이 주인공인 공간 장례식장에 가 보면 망자가 살아있는 동안 어떤 삶을 살았는지를 짐작할 수 있다. 곧 죽음을 통해 삶을 볼 수 있는 장소가 바로 장례식장인 셈이다. 한국 불교에서는 삼세윤회三世輪廻를 말한다. 전생이 지금 생을 지금 생이 다음 생을 결정짓는다는 말인데, 물론 붓다가 한 말은 아니다. 인도의 힌두 문화가 그랬고 자이나교 사상이 그렇다. 붓다는 굳이 태어나기 전 알 수 없는 생을 말할 필요도 없고 굳이 알 수 없는 다음 생을 말할 필요가 없으며 지금 짓는 모든 행위를 보면 알 수 있다고 했다. "그대의 전생이 궁금하면 지금 하는 짓을 보고 다음 생이 궁금하면 또한 지금 하는 짓을 보라."고.

지금 삶을 보면 알 수 있다. 무슨 생각을 주로 하면 살고 있는지. 어떤 말을 주로 하면서 살고 있는지. 어떤 행동을 주로 하면서 살고 있는지. 남을 보라는 게 아니라, 내 생각(마음), 말, 행동을 보면 어떤 죽음을 맞을지 알 수 있다는 말이 되겠다. 그러니까 잘 사는 일이 곧 잘 죽는 일이므로 지금 삶에 정성을 다하라는 거다.

"지금 (나의) 생각이나 말과 행동이 머지않은 나의 미래가 될 것이다." 붓다의 말씀이다.

2장

범덩골
가재들은
마카 어디로
갔을까

들꽃을 꺾어 들고 다녔던 곳,
참꽃이랑 찔레순 꺾어 먹던 곳!

걸 터앉아 쉬곤 했던 바위가 있던 길이
우거진 수풀에 덮여 아무리 기억을 더듬어도
알 수 없고 찾을 수 없는 숲이 되어버렸다.
사람이 살지 않으니 사라지는 건 당연한 일이리라.

아, 안 보이던 것들이 보인다.
저 위 밭에서 썼던 것들이다.
이랑을 덮었던 검은 비닐 조각,
빈 비료 부대, 빈 살충제 병, 새참이었을 빵 봉지….

그 길로는 가지 마오

산골 마을은 오후 8시만 돼도 오가는 사람이 거의 없고 불빛도 없이 캄캄하고 고요하다.

이런 산골이건만 살다 보면 고요한 밤이 고요하지 않을 때가 있다. 산짐승의 비명이 밤새도록 가슴을 할퀴기 때문이다. 나와 다른 종의 울음소리가 밤의 고요를 뒤흔들 때면 뭘 어쩌지도 못할 거면서 '먹이를 구하러 내려왔다가 뭔 일 당했나? 새끼가 죽었을까?' 상상과 함께 공연히 생각이 많아지곤 한다.

나무가 옷을 다 벗은 가을이 지나고 눈이 오지 않는 겨울 어느 날, 벗을 따라 집에서 멀지 않은 산기슭으로 올라갔다. 이유는, 산책하던 벗이 올무에 걸린 고라니를 구해준 적이 있는데, 주변을 둘러보니 올무가 너무 많더라는 것. 하여 함께 올무를 걷기로 한 것이다.

여름내 감자밭이었던 수천 평 비탈 너른 밭은 산자락과 붙어있다. 산자락의 여름은 수풀로 우거져 있고 사람이 다닐만한 오솔길은커녕 오소리 길도 안 보인다. 그러기에 평소에는 갈 엄두를 내지 못했다. 게다가 농사를 짓고 있는 남의 밭을 지나면서까지 가야 할 중요한 일도 없기에 그저 '산자락'으로 여길 뿐이었다.

여름 장마가 끝나고 땅이 포슬포슬 해지고, 푸르던 감자 이파리가 누렇게 바뀔 때쯤 제초제를 친다. 감자 줄기가 다 말라 죽은 며칠 뒤면 포크레인과 사람들이 감자밭으로 들어간다. 먼저 포크레인이 감자를 캐면 아낙네 일꾼들이 자루에 감자를 주워 담는다. 힘센 장정들은 감자가 담긴 자루를 밭으로 드나드는 트럭으로 옮긴다. 트럭에 실린 감자는 다시 큰 길가에 세워 둔 큰 트럭으로 옮겨지는 작업을 며칠하고 나면 작업이 끝난다.

감자들이 트럭에 실려 도시로 떠나고, 산자락의 나무들도 이파리를 죄다 떨구어 내면 트럭이 다져 놓은 감자밭은 나 같은 사람들의 산책길이 된다. 모처럼 흙을 밟으며 걷다 보면 찍히거나 하늘 본 감자들이 도시로 실려 가지 못하고 밭에 버려졌다가 그대로 썩거나 가을이 채 가기 전 다시 움을 틔워내는 걸 본다. 그럴 때면 '아이고, 어쩌자고 싹을 틔운다니!' 군소리를 곁들이며 여유를 누리곤 했는데….

올무를 걷으러 비탈밭 산기슭으로 올라갔다. 누런 낙엽과 죽은 듯 서 있는 나뭇가지들 사이로 얼핏 햇빛에 반사하는 철사가 보였다. 올무였다. 하나를 풀고 미처 다섯 걸음도 못 가 또 놓여있는 올무를 풀어내는 동안 수많은 망상도 함께 꼬였다 풀렸다 되풀이했다.

굵기가 각기 다른 올무가 반경 200미터도 안 되는 곳에 수십 개가 걸려있었다. 올무는 강철 철사를 여러 겹 꼬아 만든 것이라 여간해서는 잘 끊어지지 않았다. 인간종처럼 손가락이 있는 종들도 끊거나 풀기 어려울 강철 철사를 여러 겹으로 꼬아 놓다니! 손가락이 없는 종들은 그대로 죽으라는 것이다.

누가 그랬는지 뻔히 알 것만 같은데, 만약 그 사람이 갑자기 나타나 "당신들 뭐야? 뭔데 남이 쳐놓은 걸 걷어내고 있어?"라고 따지기라도 한다면 뭐라고 대답해야 하나! 주민으로서 말해야 하나, 아니면 자비심이나 환경법을 들먹거려야 하나!

'안 보이는 곳에는 또 얼마나 많을까!'라는 생각으로 두리번거리며 올무를 찾는데, 골짜기에서 졸졸 흘러 내려오는 도랑물 가에 한 눈에도 다 들어오지 않는 짐승의 뼈가 보인다. 가까이 가서 보니 죽어서도 (올무에서) 놓여나지 못한 노루가 백골이 되어 여기저기 흩어져 있다.

'아…'

신음과 함께 울음이 터져 나왔다. '미안하다'라는 말이 주문처럼 흘러나왔다. 둘레가 온통 무덤이었다. 노루나 고라니뿐만 아니라 올무를 묶어 놓은 나무까지 죽어 있거나 죽어가고 있었다. 죽어가는 생명이 몸부림쳤던 그 시간 동안 나무도 죽어가고 있던 것이다.

　가까이에 있으면서 날마다 올려다보던 야트막한 산이 이토록 참혹한 죽음의 광장이었다니…!

　얼마나 많은 세월이 흘렀는지, 얼마나 몸부림쳤는지 흩어져 있는 하얀 뼈들이 그날의 참혹한 상황을 말해주고 있었다. 몇 걸음 떨어지지 않은 곳에는 아직 붉은 핏빛이 선명한 다리 한쪽이 남아 있었다.

　올무나 올가미로 숨이 끊기는 일을 만약 내가, 내 가족이 당했다면…!

　생각만 해도 끔찍하고 소름이 돋는다. 그 누구도 남의 생명을 뺏을 권리는 없을 텐데…, 그 누구에게도 남의 생명을 뺏어도 좋다는 권리를 주지는 않았을 텐데…! 인간의 사악한 욕망이 자연의 먹이 사슬 법칙을 완전히 어그러뜨리고도 모자라 생명을 뺏는 일을 당연하게 여기는 세상을 그저 슬프고 아프게만 받아들여야 하는 현실이 안타깝다 못해 부끄러워졌다.

　지구별에서 종이 다른 종을 죽이고 말살 멸종시키면서, 자기와 같은 종까지 서슴없이 망설임 없이 인정사정없이 죽이는 종은 인간종 밖에는 없을 것이다.

　사실 나는 환경법에 대해서는 쥐뿔도 모른다. 그런 사실을 전해 듣고 안타깝고 아픈 마음에 무작정 나섰을 뿐이지. 대응할 그 어떤 말이나 자세가 준비되어 있지 않았다. 함께 간 벗은 마을에서 "척

지지 않도록" 들키지 않는 것이 최선이라고 여기는 듯했다. 그 마음도 이해가 간다. 집에서 몇 걸음만 나오면 마주칠 주민들이 서로 불편한 관계가 되는 일은 안 만드는 게 보이지 않는 규칙처럼 굳어져 있는 게 시골 정서니까. 그런 데다 이 마을 사람들에게는 오로지 농사가 먼저고 농사를 방해하는 것들은 무조건 죽여도 된다는 인식이니 더 안타깝고 답답했다.

한 무더기의 올무를 걷어들고 와서 군 경찰서로 전화한다. 몇 번을 했지만 받지를 않는다. 인터넷 신문 기사를 검색해 본다. 다행히도 우리가 한 일이 불법은 아니었다. 가장 가까운 '야생동물보호협회'에 전화하니 한번 나와 보겠단다.

그나저나 2022년 가을까지 빽빽하던 나무숲이던 산이 2023년이 되기 전 나무 한 그루 없는 민둥산이 되어버렸고, 잘린 나무들은 몇 달 동안 실려 내려와 어디론가 실려 나갔다. 산속 생명들 따위는 아랑곳없이, 아니 알 바 아니라는 듯 날마다 몇 달 동안 우르릉우르릉! 외뿔 괴물(?)을 조종해 가며 작은 산들을 헤집고 짓밟아 댔다. 산 임자니까, 돈을 줬으니까 마음대로 해도 된다는 듯.

노루와 고라니처럼 산속에 사는 생명이 살 곳이 더 줄어들었을 것은 삼척동자도 알 일이고, 노루와 고라니가 태어나 자라면서 뛰어놀고 자고 먹고살던 집을 통째로 빼앗겨 버렸을지 모를 일이지만 상관없다는 듯. 노루와 고라니가 인간처럼 감정이 있고 인간들의 나라 법을 안다면 집단 소송 걸 일이다.

고라니는 멸종 위기 동물이라고 한다. IUCN(국제자연보조연맹) 적색 목록에서 멸종 위기인 '취약(Vulnerable)' 등급으로 분류됐는데, 사자, 하마, 치타, 아프리카코끼리, 판다, 북방 참다랑어, 향유고래도 같은 등급이라고 한다. 그러나 온 세계 고라니 가운데 90%가 한국에서 살다 보니 한국에서는 사냥 허가를 해준단다. 농작물을 해치기 때문일 텐데, 불가피하게 사냥해야 한다면 '다른 방법은 없을까'라고 공연히 생각의 오지랖을 펴 본다.

노루여, 고라니여! 그 길로는 가지 마오!
인간종이 사는 마을 쪽으로는 더 이상 내려오지 마오!
물은 위쪽 안전한 곳에서만 마시게나.
부디 제발!

냉가슴 앓듯 오늘도 그저, 오지랖의 주문을 중얼거릴 뿐이다.

불편한 진실

아침 일찍부터 앞뒤 밭의 자잘한 돌멩이에 삽날 부딪치는 소리가 창문 너머로 들려온다. 농부들의 일손이 바빠지는 걸 보니 뉴스를 안 들어도 큰비가 오실 거라는 걸 알겠다. 아니나 다를까! 양배추 밭 여기저기를 살피면서 물이 찰 만한 곳의 흙을 떠내고 그 옆을 돋우는 손길들이 바쁘다.

나 또한 마찬가지로 바쁘다.

양배추밭 한가운데서 살고 있기에 양배추를 심은 뒤 밭떼기로 팔면, 사서 관리하는 이들이 '불편하지 않도록 뭔가 대책을 세워야겠다.' 생각할 때 이웃이 먼저 철물점에서 모래주머니를 사다가 모래를 채워 길가에 쌓고 있다. 밭으로 흘러갈 빗물 길을 막는 작업이다. 나도 거든다.

길바닥에 흘러 내려온 흙의 양이 제법 많다. 농사짓는 이들에겐 흙이 재산이다. 조금의 빈터만 있어도 콩 몇 포기를 심고, 이랑 하나에도 감자가 몇 상자라며 한 뼘만 줄어들어도 속상해한다. 그런 까닭으로 시골에서는 길 내는 일에 엄청 민감하다. (어디든 마찬가지려나?) 도심에서 땅을 사서 집을 짓고 들어오는 이들과 가장 많이 부딪치는 일이기도 하다.

군의 땅일지라도 길을 내기 위해 농사지을 땅이 줄어들면 마치 빼앗긴 듯 속상해하고, 임자가 없는 줄 알고 농사를 지었는데 나중에 임자가 나타나 울타리라도 칠라치면 공짜로 썼던 것에 대한 고마움보다는 농사를 못 짓게 된 걸 더 껄끄러워하는 게 현실이다. 땡볕 내리쬐는 날, 한낮에 모래주머니에 흙을 채우고 나르는 노동을 하는 것도 그런 까닭에서다.

밭이었던 땅이 팔리고 땅을 산 이는 당장 무엇을 할 것이 아니기에, (땅을 빌려서 농사를 짓던 이가 계속해서) 그해는 물론 그다음 해까지 농사를 짓게 하였다. 그러나 올해 들어서는 농사를 더 이상 지을 수 없게 되었다.

땅을 산 이들은 먼저 길을 닦은 뒤 집을 짓고 울타리를 쳤다. 남들에게 피해가 가지 않도록 설계했을 테고 그렇게 지었겠지만, 밭보다 지대가 높다 보니 비가 조금만 많이 와도 아래로 내리 달린다. 빗물은 걷잡을 수 없이 내달리는 건 물론이고 남의 양배추밭에 없던 물길을 내고 있었다. 그 결과는 양배추 주인의 으름장이 경고장처럼 날아들었다.

"조금이라도 피해가 가기만 해 봐, 고소를 해버릴 거니까."

그 말을 안 들었으면 모를까 들었던 터라 이웃들의 일임에도 팔 걷고 나서는 것이다. 타고난 병인지 누군가 화를 내거나 소리를 크게 지르거나 욕하는 소리에는 (여전히) 심장이 두근대는지라 만약, 불편하고 껄끄러운 일이 생기면 그 기운이 가까이에 사는 내게까지 전달될 것이기에 대비하는 몸짓이다. 몸은 좀 되어도 마음은 편하니까.

해가 서쪽 산마루를 막 넘어갈 무렵 바깥이 소란스럽다. 큰비가 오시기 전, 비를 맞으면 무름병이 들까 미리 방제하는 약을 치러 온 모양인데, 말이 안 통하는 외국인 노동자들이다 보니 목소리가 자꾸만 더 커지고 있었다. 한쪽 끝에서는 약이 뿜어져 나오는 긴 막대기를 들고, 막대기에 이어진 줄을 잡은 이는 멀찌감치 줄이 꼬이지 않도록 고랑 사이를 훑어가며 너른 밭을 오가고 있었다. 아직 저 위쪽에서 치고 있건만 지독한 냄새는 벌써 우리 집까지 달려와 있다. 아마도 살충제나 살균제인 듯하다.

얼마 전 창문을 빨리 닫지 못해 일어났던 일이 생각났다. 그날도 이런 냄새가 나는 약을 치고 있었는데 상추를 씻어 창가에 두었다는 걸 깜빡 잊고는 문을 빨리 닫지 못했다. 아니 닫을 생각을 하지 않았다는 게 더 맞는 말인지도 모르겠다.

비록, 봄에는 발효 안 된 거름 (닭똥) 냄새, 여름에는 갖가지 약

냄새, 가을에는 양배추 썩는 냄새가 나는 밭 한가운데에 살지언정, 집안의 문들을 너무 꼭꼭 닫고 살면 숨이 막히는 듯 여겨진다. 부엌 창문쯤은 조금 열어놔야 숨통이 트이는 것 같다는 생각으로 문을 열어 놓는 버릇이 있는 데다, 활짝 열어 놓은 것도 아니고 한 뼘 정도 열어 둔 바깥과 상추 사이에는 방충망이 있는 터라 '냄새는 금방 사라지겠지.'라며 대수롭지 않게 생각한 거다. 방충망 위엔 밖으로 낸 처마도 있고 약이 흩날려 온다 해도 몇 방울이나 들어오겠는가 하면서 말이다.

심각한 문제는 그날 저녁에 일어났다. 몇 명이 모여 함께 저녁을 먹게 됐고 밥상에는 창가에 씻어 두었던 상추도 올렸다. 물론 낮의 약 냄새를 맡았을 거라 여겨 흐르는 물에 다시 꼼꼼히 잘 씻었다. 씻었으니 괜찮을 거라 여기며 쌈을 싸서 모두 맛나게들 먹었다. 5분쯤 지났을까! 한 사람이 입술이 부르트기 시작하더니 온몸으로 발진이 번져가기 시작했다. 알고 보니 그미는 농약 알레르기가 있었던 것. 양약 알레르기도 있어 별다른 약을 쓰지 못한 채 농약의 독이 모두 빠져나가 발진이 사그라들기만을 기다려야 했는데 (그미는) 며칠 동안이나 고생해야 했다.

채소가 짓무르지 말라고 치는 약, 벌레가 파먹지 말고 끼지 말라고 치는 약은 약이 아니라 독이라는 걸 말로만 들었는데, 현장에서 눈으로 보고 나서야 참으로 그러하다는 걸 알 수 있게 된 거다. 누군가는 '예민하다' '민감하다' '유난스럽다'라는 한마디로 퉁-치고 넘어갈 일일지 모르겠다. 그러나 벌레가 못 먹는 채소라면 사람이 먹어서도 좋을 게 없다는 반증反證일 텐데, 우리는 너무도 아무렇지 않게 여기고 생각한다는 게 신기하다. 이렇게 지독한 냄새의 약을 반드시 치라고 선전 광고하고, 아무 의심 없이 반드시 쳐야 하는 일로 당연하게 여긴다는 사실 또한 놀랍고 충격인 건 마찬가지다.

시골의 너른 들녘, 밭들의 흙에는 지렁이나 땅강아지들이 살지 않는다.

어렸을 때만 해도 땅강아지를 가지고 놀았는데 요즘은 아예 볼 수가 없다. 그도 그럴 것이 겨울 지나 봄이 오고 얼었던 땅이 녹아 풀들이 올라온다 싶으면 농사지을 준비를 하는데, 가장 먼저 하는 일이 제초제를 뿌리고 비료와 거름을 치는 일이다. 그다음은 트랙터로 이랑과 고랑을 만들고는 바로 이랑에 비닐을 덮는다. 그 뒤 비닐에 구멍을 뚫어가며 채소 모종을 심고 며칠에 한 번씩 영양제와 비료와 살균 살충제를 번갈아 가며 뿌린다. 이곳의 농사법이다. 벌레가 못 먹게 하면서 빨리 크라고 영양제까지 뿌리니 흙은 그저 채소 뿌리 지지대 노릇을 할 뿐이니, 흙에서 받을 영양분을 뿌리가 끌어올리고 있기나 하는지 자못 궁금하다.

농부들은, 땅이 (산성으로 바뀌어) 죽어 천연 영양소 유기질을 만들어 줄 지렁이나 땅강아지가 없는 걸 이상하게 여기지 않는 건 둘째치고라도 조금도 심각하게 생각하질 않는다. 그저 눈에 걸리적거리는 풀이나 벌레만 없애면 된다고 여기는 듯 보인다.

산비탈 밭들이 비료와 농독(약)힘에 따라 산성으로 바뀌어 가고 비와 눈은 산성흙을 씻어 골짜기에서 작은 내 큰 내로 내달려 간다. 그러는 동안 가재와 조개들도 사라지고 있다. 모든 존재는 먹이사슬의 법칙으로 얽혀있고 그게 자연의 순리고 섭리일 텐데, 인간들의 욕망은 그 법칙을 어그러뜨리고 있다. 그 결과, 과보를 받는 일이 여기저기서 일어나고 있지만 또한 심각하게 여기지 않는다. 여전히 무관심이니 그저 안타까운 노릇이다.

틈새로 들어온 지독한 냄새가 방 안에서 한참 떠도는 가운데 하늘은 아까부터 그르렁거린다.

큰비가 오시긴 올 모양이다. 농사를 짓거나 안 짓거나, 사람이나 미물이나, 모든 생명이 비로 인한 큰 피해가 없기를 바라는 마음이다.

조금 불편하게 살기로 했다

(본 적 없지만) 겨울잠 자고 나오는 곰처럼 긴~ 겨울 동안 (추워지면 찾아오는 이들도 뜸하고 문밖 나들이할 일도 적어지니) 웅크리고 잠자 듯 있다가 땅심 풀리고 뾰족뾰족 연둣빛 풀빛들 기지개 켜면 덩달 아 기지개 켜면서 오랍드리를 어슬렁거린다. 봄기운은 왠지 움직 이지 않으면 안 될 것처럼 만드는 힘이 있다.

그러나 며칠 동안은 어슬렁거리고 싶어도 어슬렁거리지 못하게 만드는 힘도 있다. 그건 거름 냄새다. 앞뒤 옆이 넓은 밭이고 농사 짓는 주인은 다르지만 '이맘때면' 1톤급 큰 거름 가마니를 밭 가 에 잔뜩 부려 놓았다가 짧으면 일주일 남짓, 길면 보름쯤 지나 갈 아엎은 밭에 흩뿌린다.

잘 썩은(발효) 거름이면 그나마 나은데 잘 썩지 않고 설 썩은 거 름이라면 코를 싸쥐게 만든다. 뿐만이 아니라 밤이 되면 착 가라앉는 그 거름 냄새는 밤새, 지은 지 오래된 집 틈으로 스멀스멀 들어와 집 안을 오래된 재래식 뒷간 안처럼 만든다. 튼실하고 보기 좋은 채소를 키워낼 밑거름이고 농사에는 꼭 필요한 것이니, 봄마다 있는 연례행사려니 생각하지만…, 여전히 적응이 안 된다.

그나마 다행히 밭 주인이 거름 흩뿌린 밭을 빨리 갈아엎으면 냄새는 10분의 1로 줄어든다. 거름을 싸안는 흙의 힘 덕분이다. 거름 냄새가 어느 정도 사그라들면 다시 어슬렁거린다. 바람 내음 흙 내음 싱그러운 봄기운을 흐읍-! 들이마시다 보면 손과 발을 붙잡을 것들이 눈에 들어온다. 환삼덩굴 싹이다.

두 개의 떡잎에 연자줏빛 줄기가 긴~ 초봄의 환삼덩굴 싹은, 여느 싹과 다름없는 그저 여리디여린 새싹이지만, 볼 때마다 바로 뽑지 않으면 하루가 다르게 잎이 퍼드러지고 줄기는 거칠어지면서 사방의 풀과 나무를 휘덮으며 억세고 질긴 뿌리를 땅속으로 내린다. 그악스럽게 땅을 움켜잡고 있는 뿌리를 뽑을라치면 뽑는 사람의 팔 힘줄까지 움켜잡는 듯 힘이 들기에 마음을 모질게 먹고 여릴 때 쏙쏙, 뽑힐 때 뽑아야 한다. 하루에도 몇 번씩 야멸차고 독하다 싶게, 보이는 대로 쏙쏙 뽑아 땅 냄새 흙냄새 못 맡게 시멘트 길이나 돌 위에 던져두어 햇볕에 말라 죽도록 한다. 여느 풀들도 마찬가지다. 풀은 뽑아야 할 때가 있다.

그러고 보면 사람도 자연의 한 조각이라는 걸 저절로 깨닫게 되는 일이 풀 뽑는 일이다. 뽑아야 할 풀은 대체로 있으면 걸리적거리는 곳에 있다. 잡초라고 일컫는 풀일지라도 무리 지어있으면 얼마나 보기 좋은지…. 개망초라는 풀이 있다. 농사를 짓지 않는 들판에 흐드러져 있으면 안개꽃 버금갈 정도로 예쁘고 아름답다. 그러나 일부러 심은 꽃이나 채소 곡식밭에 있으면 보이는 대로 뽑아야 한다. 그러지 않으면 약한 꽃이나 채소가 햇빛을 볼 수 없도록 자라기 때문이다.

어느 풀이나 떡잎, 싹일 때는 참으로 앙증맞고 이쁘다. 그러나 마주나기든 어긋나기든 두 잎 세 잎 늘어갈 때면 뿌리나 줄기가 질겨지고 억세진다. 땅속으로 깊이 내릴수록, 옆으로 넓게 퍼질수록 뽑기가 힘들어지는 것이다. 그건 어느 나라 어느 시대고 마찬가지일 것이다.

빨리어로 '꾸살라'는 '선업善業'이라는 말인데 그 말 뿌리語原를 보면 '(억새와 같은) 꾸사풀에 손을 베이지 않고 꺾는 능숙함'이다. 능숙함을 선업이라는 말로 승화시킨 것이다. 풀 뽑는 일은 마치, 작은 괴로움의 원인 작은 번뇌를 없애지 않으면, 궁극에는 늘 걱정과 후회 속에서 사는 번뇌의 꼭두각시가 되고 만다고 경고하는 말이나 다름없다.

흙 마당이 있는 시골집에 살려면 봄부터 가을까지 거의 날마다 몇 포기라도 풀을 뽑아야 한다. 그래야 '사람이 사는 곳'이라는 표가 난다. 사실 날마다 세수하고 밥을 먹고 물을 마시고 잠을 자고 뒷간을 가듯, 마음밭에 들쭉날쭉 나는 탐진치라는 잡초를 날마다 뽑아낸다는 마음으로 뽑으면 일이라는 생각이 일어나질 않는다.

마당 끝 길가 시멘트로 된 도랑에 졸졸졸 흐르던 물이 얼어 있는 동안 바람이 날라다 놓은 흙과 나뭇잎 나뭇가지들이 차여 물길을 막고 있다. 물비린내와 함께 나뭇잎 썩는 냄새가 떠돌기 시작했다. 놀잇감이 생겼다. 도랑에 차인 나뭇잎과 나뭇가지와 흙을 걷어 올리려면 괭이가 있어야 한다. 괭이로 흙을 긁고 퍼내다 보면 (가끔은) 배를 뒤집고 죽어 있는 개구리들을 볼 때가 있다. 아마도 포근해진 봄기운에 겨울잠 깨고 나왔다가 느닷없이 내린 눈과 영하로 떨어지는 날씨를 이기지 못하고 그만 죽임을 당한 것이다. 죽은 개구리들을 묻어주어야 한다.

갈수록 종잡을 수 없는 날씨가 거듭 되풀이하고 있다. 몇 해 전 이곳(봉평)에는 고추모를 심고 한창 농사를 짓고 있는데 함박눈이 펑펑 내려 고추가 냉해를 입어 다 얼어 죽자 젊은 농부도 따라 스스로 목숨을 끊은 일이 있다. 개인으로 보면 안타깝고 아픈 일이 아닐 수 없다.

도시나 농촌이나 편리함을 선택한 결과로 쓰레기양이 더 늘어나고 쓰레기가 늘어날수록 기후는 종잡을 수 없는 상태로 치닫고 있다. 봄이 봄 같지 않고 여름이 여름 같지 않고 가을이 가을 같지 않고 겨울이 겨울 같지 않은지가 오래다. 이곳 시골만 보더라도 약품과 비닐로 농사를 짓는다.

이른 봄, 파릇한 싹이 나올 무렵이면 제초제를 뿌리고 비료와 거름을 뿌리며 써레질하듯 평평하게 고르고는 다시 골(고랑)을 내고는 이랑마다 검은 비닐을 씌운다. 잡초가 나지 말라는 방편이고 수단인 셈이지만, 채소나 곡식 싹이 올라오고 클 때면 비료를 치고, 좀 더 컸다 싶으면 벌레가 끼지 말라고, 벌레가 농작물을 먹지 말라고 살충제 살균제를 뿌리니…, 결국은 제초제 살충제 살균제로 키우는 거다. 그렇게 몇십 년 농사를 짓다 보니 벌레들은 내성이 생긴 듯하다. 내성이 생긴 잡초와 해충을 없애겠다고 치는 농독(제초제 살충제 살균제)들의 약품 강도는 더 세지고 치는 횟수도 더 늘어가는 듯하다.

사실 농촌엔 일꾼이 없다. 토박이 주민들은 고령화되었고, 젊은 축에 드는 이들이 6, 70대이다 보니 온갖 약을 치는 일은 남의 나라에서 돈 벌러 온 일꾼들 몫이다. 문제는 농부들이 약을 너무 믿는다는 것. "인체에는 무해 하다"며. 정말 그럴까?

올봄, 아랫녘에 사는 지인들은 물 아껴 쓰기 운동을 하고 있다고 한다. 뉴스에 따르면 2023년 집중 호우로 스무 명이 넘게 사망하거나 실종됐다고 했는데, 올 8월 쏟아진 집중 호우로 19명이 또 죽거나 실종됐다(2025년 경남 산청)고 한다. 그리고 겨울부터 지금까지 눈도 비도 오지를 않아 역대 최장 기록이 될 만큼 가문 날이 이어지고 있다고 한다.

겨울이 길게 느껴지는 봄, 어느 지역은 눈이 너무 많이 오서서 어느 곳은 가물어서 속을 태우던 날들에 여의도 면적 166배 크기의 산을 화마가 앗아갔다(2025년 경북 의성). 원인은 여러 가지라지만 자연환경 파괴가 한몫하고 있음을 모르는 척할 수 없다. 고통의 악순환이 해마다 거듭되고 있음에 숨쉬기가 힘들 정도로 안타까움이 마음을 짓눌러 온다. 인간들의 삶이 더 편리해질수록 환경과 자연 기후는 더 나빠지는 결과를 가져온다는 사실에 모골이 오싹 쭈뼛해진다.

그렇다고 한탄만 할 수 없는 노릇. 봄이 오고 땅심이 풀리면 지난해 헐어낸 외양간과 헛간채가 남긴 쓰레기를 분리한다. 이웃들은 "그냥, 땅 파고 팍 묻어버려요." 하지만, 시멘트, 녹슨 못, 비닐, 깨진 그릇, 유리, 플라스틱 조각들을 하나하나 분리해 가며 자루에 주워 담는다.

70년대 지은 헛간은 노끈과 왕골과 싸릿대와 소나무 가지로 엮어 벽을 세운 뒤 진흙을 이겨 발랐고, 그 뒤 시멘트를 덧발랐다. 싸릿대와 왕골을 엮느라 굵은 나뭇가지에 촘촘히 감은 노끈을 놀이 삼아 빙글빙글 돌리며 풀어내고, 굵은 나뭇가지는 옆집 화목 보일러실로 옮겨다 놓고, 왕골과 싸릿가지는 '썩겠지'라는 생각으로 엄나무 뿌리 쪽에 쌓아두고, 시멘트에 붙은 흙은 털어내고 시멘트만 자루에 담다 보면 한두 시간이 훅 지나간다. 자연으로 돌릴 수 있는 건 최대한 자연으로 돌리고 버릴 건 돈 주고 버리려는 이런 행동을 처음엔 이해 못 하겠다는 듯 간섭하던 이웃도 이제는 그러려니 한다.

　어제는 한낮의 불볕더위에 노출된 물건을 만지면 데일 듯한 날씨였는데 오늘은 가을처럼 선선한 바람이 아침부터 불었다. 해가 진 뒤에는 춥다는 느낌이 들 정도로. 이렇게 가다 보면, (사람이) 추위에 얼어 죽었다는, 또는 더위에 열병으로 죽었다는 뉴스가 유럽과 아메리카 아프리카에만 있는 일이 아니라 (머지않아) 우리나라에서도 일어나는 건 아닌지 모를 일이다.

　시골에서 살지만, 땅이 없었기에 십오 년 남짓 남의 빈집을 빌려 살았다. 지지난해 비로소 70년대에 지어진 작은 집을 샀다. 텃밭으로 꽃밭으로 쓸 수 있는 땅이 딸려 있다. 첫봄을 맞아 꽃을 심고, 채소를 심으려고 땅을 파니 흙이 시커멓다. 호미로 파면 팔수록 시멘트 슬레이트에 태우다 만 비닐 플라스틱에 깨진 유리 사기그릇 조각들이 나온다.

　기후 환경은커녕 쓰레기에 대한 개념이 없는 이들이 거름이 될 풀은 제초제로 없애고, (쓰레기를) 묻으면 거름이 될 거라 여겼는지 온갖 쓰레기를 곳곳마다 묻어두었다. 그런 데다 벌레 먹지 말라고 부지런히도 살충제 살균제를 뿌려대니 지렁이나 땅강아지 한 마리 살지 못하는 죽은 땅이 되어 있다. 사람들은 여전히 죽은 땅을 만들고 있거나 만드는 중이다. 땅이 조금만 있어도 '땅은 놀리는 게 아니라'며 옥수수나 콩을 심으면서 말이다.

봄, 남들은 제초제와 비닐 멀칭으로 농사 준비에 여념 없을 때 쭈그리고 앉아 풀을 뽑고 비닐을 캐며 지렁이가 살 수 있는 땅을 만들려는 몸짓, 나만의 의식儀式을 펼치는 날들이다. 파면 팔수록 쓰레기가 나오는 땅을 살려보자는 마음으로 날마다 조금씩 쓰레기를 캐내고 있다. 어떤 이들은 죽으면 끝인데 뭘 그리 힘들게 사냐고 한심하고 답답하다는 듯 말한다. 보기에는 미련스럽고 답답해 보이겠지만, 보석을 캐는 마음으로 오늘도 온갖 쓰레기들을 캐서 폐기물 자루에 넣는다. 나만이라도 조금 느리고 조금은 불편하게 살아야겠다는 생각으로.

오늘은 쉬란다. 먼 산을 하얗게 뒤덮으며 진눈깨비가 펄~펄~이다. 금방 녹을 봄눈이지만 눈에 덮여 온통 하얀 들판, 보기엔 참 아름답다. 골짜기마다에서 내달린 빗물과 골바람에 쓸려 떠돌다가 냇가 나뭇가지들에 걸려 펄럭거리는 비닐 따위는 보이질 않는다. 여기저기 처박힌 쓰레기도 보이질 않는다. 눈 쌓인 겨울이 좋은 까닭 가운데 하나도 온갖 쓰레기들을 덮어주기 때문이다. 눈 덮인 채로 봄여름 가을이 오면 참 좋겠다는 망상이 인다. 더불어, '근본 대책은 정말 없는 걸까!'

'어떻게 하면 농사지을 때 나오는 쓰레기를 없앨 수 있을까!' 이 생각 저 생각 궁리도 해 본다.

환경관리과 공무원으로 행정공무원만 뽑지 말고 기능 공

무원도 뽑는다.

산림감시원이 산불 방지로 산 들머리를 도는 것처럼, 골짜기 밭들을 돌며 순찰한다.

농사짓느라 나오는 쓰레기를 되가져 가지 않고 여기저기 버려져 있는 게 보이면 신고한다.

도로교통법을 어기면 과태료를 내듯이, 밭 주인에게 과태료를 내게 한다.

쓰레기 종량제에 분리배출을 하는 일은 어느덧 익숙해져 있다. 그렇듯 농촌이나 어촌의 환경 정책으로 쓰레기 과태료 제도를 한다면 돈이 아까워서라도 마음 기울이지 않을까…!

문득 바깥을 보니 진눈깨비 바람이 세차다. 4월 중순의 눈에 라일락 꽃봉오리가 얼지 않기를 바라는 마음도 얹어 본다.

산빛 들빛 고와질 때면

꽃샘바람은 꽃을 피우고 잎샘 바람은 잎을 틔운다지만 옷 속을 파고드는 기운은 콧물을 뚝뚝 떨어뜨리게 한다. 넣어 두었던 겨울옷을 다시 꺼내 입어야 하는 날들이다.

오후 1시 10분쯤 집을 나갔다가 4시쯤이면 돌아와 풀 뽑기 놀이를 얼추 끝냈을 테지만 예정에 없던 시간을 보내면서 이른 저녁까지 먹고 들어오니 햇살은 서녘 산 능선을 넘어가고 있다. 꼬리에 매달린 빛이 내려앉으려는 어둠이랑 노닥거리고 있다. 소화도 시킬 겸 풀을 뽑으려고 채비를 끝내고 마당으로 내려서는데, 옆집 희영 씨가 막 퇴근하여 차를 세우고 뒷문을 열고 가방을 꺼내다가 나를 보더니 다가온다. 공장 거래 사장이 식당 개업 30주년 기념 떡을 돌렸다며 내게도 한 덩이 건네주러. 고맙다며 받은 떡은 아직 말랑하여 먹기 좋을 테지만, 소화가 잘 안 되는 음식을 막 먹고 들어온지라 받아서 탁자 위에 두고는 다시 하던 일을 하려는데….

따지기에 이미 4, 5백 평 밭에 이랑과 고랑을 낸 뒤 검은 비닐을 씌우고는 하지에 팔려날 감자 심기까지 끝낸 희영 씨 남편이 우리 텃밭에 심을 감자를 남겨뒀다며 곡물용 자루에 담긴 씨감자를 가져다준다. 또 한 번 고맙다며 받아 든다.

지난해 봄과 가을에 보이는 대로 쓰레기를 주워낸 밭이지만 호미질하다 보면 여전히 나오는 유리와 비닐 조각들을 플라스틱 통에 담아 가며 풀을 뽑는다. 지난해 늦가을까지 뿌리를 내리고 겨우내 살아남은 망초와 꽃다지와 냉이가 뒤섞여 있는 밭에 쭈그리고 앉아 풀을 뽑다가 돌멩이를 골라내다가 더러더러 박혀 있는 유리 조각 비닐을 골라내면서 호미질하자니 여간해서 자리가 나질 않는다.

내친김에 아까 받은 씨감자도 심기로 한다. 풀을 뽑으면서 잔돌을 골라내면서 구덩이를 판 뒤, 씨감자를 넣고 산소 봉분 올리듯 포슬포슬한 흙을 덮은 뒤 뽑은 풀로 덮는다. 제초제로 풀을 죽이고 트랙터로 밭을 갈아엎은 뒤 바로 비닐 멀칭을 하고 후다닥 심기를 끝내버린 뒤 비료와 거름으로 농사를 짓는 이곳의 관행농법이 농사의 정석이 돼버린 농부들이 보면 한심하기 짝이 없을 일을 몇 날 며칠 몇 달 동안을 하고 있다.

딴짓하지 않고 한 시간이나 했지만 별로 티도 나지 않고 양팔을 벌려 보아도 사방 길이를 다 못 채우는 넓이다. 농부들이 보면 시답잖고 성에 차지 않을 일이지만 그것도 일이라고 손목과 팔꿈치 사이는 시큰 뻐근하다. 게다가 감기몸살을 앓고 난 끝이라 바람이 불 때마다, 살갗에 바람결이라도 닿을라치면 마치, 면도날로 살갗을 저미는 듯 날카로운 떨림과 에이는 아픔이 말초혈관을 따라 온몸으로 파고든다. 등골에서는 땀이 흐르고 손바닥은 열이 나면서 벌써 욱신거린다. '에효, 뭘 해 먹고 살거나!'

십 년 남짓 해마다, '부처님 오신날' 즈음이면 갖가지 모종을 사서 가지고 오는 분이 계신다. 해마다지만 해마다 다른 모종들이다. 자타 '모종 천사'라고 부른다. 네모 난 작은 컵처럼 생긴 트레이(tray) 또는 포트(pot)에 하나씩 들어있는 모종을 종류별로 대여섯 개씩 있는 푸짐한 몇 상자의 모종을 받아 들었을 때, 처음에는 그저 반갑고 고마운 마음에 얼른 심어야 한다고 생각했고 다음 날 바로 심기 바빴다.

그런데 웬걸! 심은 다음 날 보니 싱싱하게 살아있어야 할 모종들이 모두 삶아 놓은 듯 서리를 맞고 얼어 죽어 있다. 그다음 해부터는 서리를 피할 수 있는 처마 밑에서 몇 날 며칠 동안, 말라 죽지 않을 정도로 물만 주면서 그대로 두었다가 심어도 괜찮겠다 싶을 때 심곤 했다.

올봄은, 지난해 가을 이사를 했기에 쓰레기는 물론 시멘트까지 골라낼 것이 더 많아졌다. 게다가 70년대에 지은 헛간을 헐어냈기 때문에 고를 곳 또한 더 넓어졌고 골라버릴 것도 더 많아졌다. 지붕은 석면 슬레이트라 무료 철거를 해갔지만. 벽체와 기둥 그리고 바닥을 이루고 있던 것들은 쓸모없는 쓰레기에 지나지 않기에 폐기물 처리를 해야 한다.

시간이 많거나 주변에 힘 좋은 사람들의 도움을 받을 수 있다면 나무 따로 흙 따로 시멘트 따로 돌 따로 분리해 가며 철거하겠지만, 헛간 지붕이 뜯겨나가면서 졸지에 지붕이 사라진 보일러실에 비바람이 들이쳤고, 겨울이 코앞이라 눈보라를 막아야 하는 게 눈앞의 현실이라 장정 열 몫 이상을 하는 포크레인으로 먼저 헛간 철거를 해야 했다.

50년 세월은 한 시간도 안 되어 사라져 버렸고 잔해는 흙과 뒤섞여 버렸다. 그 자리에 무엇이 있었는지 가늠조차 할 수 없다. 헛간이 있던 곳을 감자라도 심어 먹는 쓸모 있는 땅으로 만들려면 오랜 시간이 걸릴 듯하다. 문제는 갑자기 생긴(?) 너른 빈터에 풀씨들이 얼씨구나 좋다고 날아와 뿌리를 내릴 것이고…, 머지않아 풀밭이 될 건 불 보듯 뻔한 일이다. 아무리 생각해도 풀밭보다는 꽃밭이 낫겠다는 생각이다. 그러자면 일부러 꽃을 심어야 한다.

'조만간 모종을 사서 가지고 가겠다.' 모종 천사님의 문자를 받고 벼르고 벼르다가 '올해는 1년생 꽃모종으로 부탁드린다.'라는 답글을 띄웠다. '채소 3, 꽃 7 비율로 사서 가겠다.'라는 답글을 보내왔다. 4월 그믐께 날 좋은 날, 여러 가지 채소 모종과 예쁜 꽃모종에 부엽토까지 사 오셨다. 곱디고운 그러나 여리디여린 예쁜 꽃들은 보는 사람의 마음을 환하게 해주는 신기한 힘을 가졌다.

하지만 여기는 강원도 하고도 평창, 여리여리한 노벨리아와 향 카네이션, 제라늄 같은 꽃들은 처마 밑에 보관해 두었다가 5월에 심기로 한다. 한편 한낮의 기온 23도를 웃도는 날이 이어지기에 튼실해 보이는 꽃들 '금잔화와 달리아는 괜찮겠지' 여기면서 먼저 심었다.

아뿔싸! 다음날 보니 그 예쁘던 달리아가 팔팔 끓는 물에 삶아 놓은 듯 거무죽죽한 빛을 띠면서 죽어 있다. 뿐만이 아니라 앵두나무 그늘에 두었던 수박, 오이, 딸기 모종도 죽은 빛을 띠면서 늘어져 있다. 여리디여린 꽃과 채소는 강원도가 아닌 경기도에서 온 것. 그곳은 여기보다 훨씬 따뜻했을 텐데…, 여기는 쌀쌀맞기 그지없는 데다가 이곳에서 내리 살고 있는 사람도 올봄의 널뛰기 하는 날씨를 종잡을 수 없어 하던 터였다. 하물며 여린 꽃모종이라니, 1, 2도만 달라도 맥을 못 추고 줄기와 가지를 축 늘어뜨리고 힘들어했다. 꽃샘바람도 견디기 힘들었을 모종들은 서리까지 맞았고, 삶아 놓은 듯 거무죽죽해진 줄기와 잎은 다음날 쨍한 볕에 그만 바사삭 말라 살짝만 만져도 바스러지고 만다.

어느 날 갑자기, 살던 곳에서 '떠나옴을 당한' 모종들. 살아 보도 못 하고 죽어가는 걸 보고 있자니 마음이 편치 않다. 꽃모종처럼 나도 덩달아 몸살이 나는 것만 같아, 모종이 찬바람을 덜 맞을

곳을 찾아 이리저리 옮겨 주는 것으로 불편한 마음을 눙친다. 사람이나 식물이나 살던 곳과 아주 다른 곳으로 옮기면 적응하기 위해 몸살을 앓는 법인가 보다. 그러니까 신토불이는 사람에게만 적용할 말이 아니다. 만약 또 이런 상황이 오면 좀 더 세심히 살펴야겠다.

기억과 꿈은 닮아있다

창고에는 두어 달 남짓 모아 둔 크고 작은 여러 가지 종이 상자들이 쌓여있다. 마을 큰길가에 슬며시 내놓으면 어느 틈엔가 슬며시 사라질 것들. 그러나 이곳은 마을에서도 좀 더 골짜기로 들어오고 큰길가와도 떨어진 곳. 어쩌다 운 좋게(?) 고물상 트럭을 만나 "따라 오시라" 하여 창고를 비울 때도 있지만 운이 늘 따르는 건 아니다. 사실, 길에서 만나는 운을 바라지 않고 모아 두었다가 쓰레기 분류장으로 바로 가져가는 게 낫다. 그런데…, 웬만큼 모아 한꺼번에 비우려고 늑장 부리다 보면 이웃 벗 내외가 먼저 몽땅 싣고 가 비워주는 행운이 따를 때가 더 많다.

우리 면의 쓰레기 분류장은 그 옛날 내가 다녔던 초등학교 교실이 있던 자리다. 3학년 교실만인지 4학년 교실도 있었는지 기억은 아리송하다. 아무튼 학교 본 건물과는 떨어져 언덕배기에 있던 교실이었다. 솔직히 말하면 그 교실보다 교실로 가는 길목에 있던, 나한테만 알려준다는 듯 은근하게 전하는 뒷간 이야기가 기억에 더 많이 남아있다.

　"여기는 원래 공동묘지였대. 그래서 밑을 내려다보면 해
　골이 쳐다보고 있대."
　"똥 싸고 닦으려고 하면 '빨간 종이를 줄까, 파란 종이를
　줄까~?'하는 귀신이 있대."

　지금 같으면 말도 안 되는 말들이지만 어렸던 나는, 그 앞을 지나칠 때마다 초고속으로 뛰어야 했고, 오줌을 참아야 했으며, 참고 참다가 끝내는 울면서 그 앞에 선 채로 오줌을 싸기도 했고, 그런 날이면 걸을 때마다 신발로 흘러 들어간 오줌이 질척대는 걸 참으며 집까지 가야 했다.

　어쨌든, 기억 속의 교실이 있던 그 언덕배기는 봉평면 곳곳에서 나오는 생활 쓰레기를 모아 분류하는 곳으로 바뀌었다. 쉬는 날은 차가 들어갈 수 없도록 쇠밧줄로 정문을 막아 놓는다. 그럴 때면 하는 수 없이 차를 최대한 가까운 곳에 세워놓고 종이 상자는 종이가 있는 곳으로, 재활용품은 재활용품 분류하는 곳으로, 쓰레기봉투는 쓰레기봉투 있는 곳으로 대여섯 번쯤 갔다 왔다 날라야 한다. (날이 갈수록 쓰레기양이 많아져서인지 분류장은 그 건너편 좀 더 넓

은 곳으로 옮겼다.)

돌아오는 길은 갈 때와 다르게 어릴 때 걸어 다녔던 길로 기억을 더듬으며 접어든다. 쓰레기 분류장에서 나오면서 왼쪽으로 가면 방축동이라는 마을이 나온다. 그 너머에는 써근새라고 불리는 평촌리가 나온다. 써근새, 썩은 새가 많이 생기는 곳이었는가? 아니고, 석은사石隱寺라는 절이 있었는데 쎄게 말해 버릇하다가 그렇게 됐다고도 하고, 조선 중기 때 이석은李石隱이라는 (방귀깨나 뀌는?) 사람이 살았기에 그렇게 불리게 됐다고도 하는데…, 끄덕끄덕 공감되는 말은 없다. 그나마 석은사라는 절이 있었다는 말이 조금 더 와닿는 정도다.

어릴 때 보던 마을 집들은 거의 다 바뀌었다. 그때는 없던 번듯하고 큰 집들도 많이 늘어있다. 구불구불 크고 작은 길들은 시멘트로 포장해 반듯하게 바뀌었는데 희한하게도 그 옛날 가장 큰 신작로였던 길은 가장 좁고 울퉁불퉁 비포장으로 남아있다. 기억 속 아련하게 남아있는 산과 밭은 그때와 크게 다름없어 보인다. 그러나 친구네 집에서 논두렁 밭두렁 길 지나 오솔길로 뛰어가면 나오던 한 채의 집은 오간 데 없다. 차를 세우고 기억을 더듬어 본다.

'저기쯤이지, 아마?'

사부작사부작 걸어가 보니 집이 있던 자리에는 집 대신 터 지킴이 마냥 큰 돌배나무와 뽕나무와 오가피나무 그리고 노박덩굴이 어우러져 있다.

집터는 물론 그 앞 도랑도 그 옛날의 도랑이 아니다. 앞뒤 옆으로는 양배추를 심었던 밭이 펼쳐져 있는데 거둠을 하고 (드물게도) 제초제를 뿌리지 않았는지 움돋이가 푸릇푸릇하다. 밭 너머에는 저 건넛집으로 엄마 치맛자락을 잡고 '전설의 고향'을 보러 쫄랑쫄랑 걷던 오솔길이 아직도 있을 것만 같다. 밭 끝까지 가 본다. 그 옛날 오솔길은 없다. 그때는 없던 자작나무와 시멘트로 만든 물길이 있을 뿐이다. 그곳에서 둘러본다. 그때는 온통 길 아닌 데가 없었는데….

어릴 때 나는, 사람들이 다니는 큰길이 아니라 약초꾼 또는 나무꾼들이 다니는 오솔길이나 산으로 다니는 걸 참 좋아했다. 다른 아이들이 멀쩡한 큰길로 다닐 때 나는 산으로 올라가 고개를 넘어오곤 했다.

가끔 아주 가끔 꿈을 꾼다. 어릴 때 자라고 놀던 곳을. 꿈속에선 어릴 때 다녔던 길들이 그대로다. 수풀에 피었던 꽃나무도 그대로인데 현실에선 어릴 때와는 물론이고 꿈속과도 너무도 다르다. 느낌과 생각 기억과 앎 속에 없는 건 꿈으로도 펼쳐지지 않는 법이기에 꿈이란, 내 안의 기억과 생각, 앎, 느낌들이 그때그때 편집되어 펼쳐지는 B급 흑백영화 같은 거다.

'긍정하는 마음으로 생각하면 현실도 좋은 느낌의 현실로
나타나고,

부정하는 마음으로 생각하면 현실도 안 좋은 느낌의 현실
로 나타날 확률이 아주 높으며,
　마음에 따라 물의 결정체가 바뀌고, 식물의 성장에 영향을
주거나 텔레파시가 통하게도 한다'

　어느 양자물리학자의 말이다. 생각이나 마음이 아주 중요하다
는 말이리라.
　어릴 때 다녔던 곳에서 '지금 풍경'을 보며 '지금, 마음은 어느
곳에 머무는가! 무엇을 생각하는가! 무엇을 하는가!' 살피다가 다
시 기억에 저장된 추억의 장소로 내달린다.

　어릴 때 살던 집에서 마을로 내려오는 길은 두 곳이었으며 둘 다
오솔길이었다. 그러나 지금 한 곳은 농사짓느라 드나드는 차가 다
닐 수 있도록 시멘트를 깔아 만든 찻길이 되었고, 또 다른 길은 아
예 흔적도 없이 사라져 버렸다. 사실 사라진 오솔길로 더 많이 다
녔었다. 시간이 5분 이상 단축되었기 때문이다. 들꽃을 꺾어 들고
다니던, 참꽃 또는 찔레순을 꺾어 먹던, 걸터앉아 쉬곤 했던 바위
가 있던 길이 우거진 수풀에 덮여 아무리 기억을 더듬어도 알 수
없는 숲이 되어버렸다. 사람이 살지 않으니 없어진 건 당연한 일이
리라.
　어릴 때 다녔던 길로 가서 기웃거리던 마음을 거두며 노박덩굴
한 줄기를 꺾어 들고 돌아 나온다.

(겉으로 볼 때) 달라진 것이라곤 사람이 다니던 오솔길이 차도 다니는 시멘트 길로 바뀌었고, 도랑 옆으로 길을 내느라 축대를 쌓았다는 것뿐, 길옆은 예나 지금이나 도랑이 그대로 있고 물도 여전히 졸졸 흐르고 있다. 도랑으로 내려가 본다. 아, 안 보이던 것들이 보인다. 저 위 밭에서 썼던 것들이다. 이랑을 덮었던 검은 비닐 조각, 빈 비료 부대, 빈 살충제 병, 새참이 될 빵이 들어있었을 빈 봉지…, 큰비에 떠내려왔거나 바람에 날아왔을 것들이 큰 돌에 걸려 저 아래로도 못 내려가고 이끼를 뒤집어쓴 채 세월의 빛을 날리고 있었다.

도랑 옆으로는 낙엽송을 심어 놓았기에 얼음이 녹고 낙엽송 잎이 보송보송 올라올 무렵이면, 물을 잔뜩 먹은 낙엽송 가지를 꺾어 속심을 입에 물고 껍질을 잡아당겨 뽀얀 나무속이 빠진, 보송한 이파리가 있는 흐물흐물한 가지를 꼬리라며 바지 허리춤에 끼워 넣고 다니기도 했던….

그 도랑엔 가재가 참 많았다. 어른 손등만 한 돌을 들추어도 낙엽이나 돌 빛깔을 닮은 크고 작은 가재가 뒷걸음치느라고들 바빴다. 이 돌 저 돌 들추며 도망치는 가재들 가운데 큰 가재만 골라서 집으로 가지고 갔다. 어머니는 냄비에 막장을 넣고 장국을 끓여 주었다. 가재는 분명 돌멩이 빛깔이었는데 냄비 안 장국 속 가재는 빨강과 주황이 뒤섞인 빠알간 빛으로 바뀌어 있다. 뿐만이 아니라 장국에선 군밤이나 강냉이의 구수함이 아닌 아주 낯선 구수함이

풍겼다. 그것은 졸졸졸 돌 밑으로 흐르던 도랑물을 안고 있던 가재
가 내는 물 내음이었고 흙 내음의 구수함이었다.

잡아 오지 말라 야단을 치지 않으니 가끔은 일부러 가재를 잡으
러 가기도 했다. 아직은 손이 시린 도랑물의 돌들을 들추다 보면
들깨보다 큰, 구슬 같은 알을 품은 가재를 만나기도 했다. 그렇게
가재 잡는 재미를 방해하는 건 가재였다. 힘센 집게에 손이라도 집
히면 어찌나 아프던지 눈물이 쏙 빠지면서 가재 잡기가 멈추었다.
가을도 겨울 만큼이나 추웠던 산골 도랑에서 돌멩이를 들추어 가
며 가재 잡는 재미에 빠져있던 그때를 떠올리다가, 도랑으로 내려
가 돌멩이를 들추어 보았다.

뒷걸음치는 가재가 안 보인다. 다시 그 옆의 돌을 들추었다. 그
옆의 돌, 그 옆의 돌…, 크고 작은 돌을 아무리 들추어 봐도 가재는
보이질 않는다. 빈덪골* 그 골짜기 그 도랑엔 가재가 없었다. 아무
리 생각해도 도무지 이해가 가질 않는다. 범덩골**에서 내려오는
도랑물에도 없다. 다른 골짜기 도랑에도 없다. 그 많던 가재는 마
카 어디로 갔을까!

---

* 　범이나 늑대 여우를 잡기 위해 덪을 놓으면 빈 덪만 남아 그렇게 불렸다 함.
** 　범의 눈에서 나오는 불이 획획 날아다니는 골짜기였다고 함.

철 따라 인연 따라

몸을 낮출 줄 안다면

기후가 빠르게 바뀌고 있다. 솔직히 심상치 않음을 느끼기 시작한
건 산속에 살 때부터였다. 도심에서는 흙보다 콘크리트를 더 많이
보기 때문인지 크게 느껴지지 않았다. 그러나 산속에서는 콘크리
트는 볼 수 없고 대신 하늘 나무 풀꽃 그 아래 흙을 늘 보게 된다.
땅은, 아니 자연은 봄이 오는 즈음 몸살을 앓는다. 여름에도 몇 번
씩 앓는다. 늘 앓고 있다. 가을이고 겨울이고 가리지 않고 지독히
앓을 때면 내가 누리고 있는 자연의 모든 게 고마우면서도 미안한
마음이 들었다.

지금 사는 곳은, 산속은 아니지만 산이 가까이에 있는 산골이다.
흙을 볼 수 있는 곳이지만 콘크리트도 많이 보고 시멘트 길을 많
이 밟으며 산다. 그러나 자연의 몸살을 여전히 온몸으로 느낄 때가

많다. 가끔 강풍주의보에 강풍 특보 재난안전문자를 받는 날은 바람이 머리맡에서 칼춤을 추는 듯하다. 골짜기로 들이닥치는 바람의 힘이 방 안에서도 느껴지기 때문이다.

태풍 같고 돌풍 같은 바람이 골짜기로 휘돌아 들어오는 날에는 꽃잎들이 잔뜩 움츠리고 나올 생각을 하지 않는다. 그런 가운데 무스카리가 용기 뿜뿜 꽃을 피워내고 있다. 그러고 보니 지난해보다 더 많은 꽃을 피웠다.

마당 자갈 틈마다는 민들레가 박혀 있다. 납작하게 깔려있어서 마치 자갈 문양 빛깔 캔버스에 민들레꽃을 납작하게 눌러 만든 압화壓花 작품 같아 보인다. 얼마나 몸을 납작 낮추었는지 꺾어서 살짝 찢으면 돌돌 말리는 꽃대궁이 아예 보이질 않고, 파란 톱니같이 생긴 잎 사이로 노란 꽃을 바로 피워버렸다.

거친 봄바람에 웅크린 채 눈치를 보는 꽃들 사이에 자못 용감해 보이는 무스카리나 민들레는 밟혀도 꿋꿋이 일어나는 잡초처럼 땅을 가까이 납작 몸을 낮추어 피었다. 웬만한 바람에도 꺾이지 않고 찢기지 않으려는, 거친 세상에서 살아남아 본분을 다하려는 듯 납작 엎드려 피는, 여리디여린 꽃들을 보니 인간들 때문에 풀꽃 나무들이 고생하는 것만 같아 부끄럽고 미안하다.

지구 온도는 자꾸만 뜨거워지고 날씨는 덩달아 널뛰기하는 날들이다.

봄이 봄답지 않고 날씨마저 초겨울처럼 춥다. 추위와 바람 앞에서 한껏 몸을 낮춘 꽃들처럼 인간도 자연 앞에서 고개 뻣뻣이 세우고 만물의 영장이라 우쭐댈 게 아니라 몸을 낮출 줄 안다면 오래도록 공생할 수 있을 텐데….

새들은 새들답다

해마다 이맘때면 창고를 마음대로 드나들기 어려워진다. 봄과 함께 찾아드는 새들 때문이다. 땅심이 풀리고 연둣빛이 움트고 고운 빛들이 산과 들을 수놓을 때면 곳곳에서, 곳곳의 생명들이 새 생명을 품고 한 해 삶을 일구느라 여념 없다.

낮 기온뿐만이 아니라 아침저녁 기온도 포근해지면 창고 안팎이 요란하다. 곤줄박이 어미 새가 알을 품고 있다가 먹이를 구하러 간 사이 (내가) 창고로 들어갈라치면 어떻게 알았는지 쏜살같이 어미 새가 창고 틈새로 날아 들어오면서 짹짹거린다. 행여 자기 새끼를 해코지할까 그러는 것이리라. 어느 때부턴가 엄마 아빠 새가 수시로 드나든다. 알을 깨고 나온 새끼에게 먹이를 물어다 주고 있는 거다. 몇 가닥의 보송보송한 털에 눈도 뜨지 못한 아가 새들은 엄마(또는 아빠)가 먹이를 물고 와서 토도독거리면 앞다투어, 둥지보다 더 높이 고개를 빼고 빨리 달라는 듯 주황빛 부리를 딱딱 벌리고들 있다.

창고 지붕 틈새로 먹이를 물고 들락거리며 아가 새들을 키우는 엄마 아빠 새의 지극 정성에, 볼 일이 있어 창고에 갈래도 바로 드나들지 못하고 (일을) 모았다가 하루에 한 번 정도 낮에만 가면서, 혹 누군가 창고 문을 벌컥 열까 걱정스러운 마음에 안내문을 써 붙여 둔다.

아가 새들이 있어요. 놀라지 않게 살살 여닫아 주세요~^^

일주일도 안 되어 보송하던 털이 빳빳한 깃털로 바뀌어 가는 아가 새들이 나래짓을 하기 시작했다. 하루가 다르게 이곳저곳을 포르르 포르르 날아오르며 창고를 떠날 준비를 하고 있다. 힘껏 나래짓 하면서 날아오르다가 지붕과 바닥 중간쯤의 허공에서 떨어져 미끄러지듯 바닥으로 내려오면 다시 포르르르….

나래짓으로 날아올랐다 잘못 내려앉아 미끄러지기를 지치지도 않는지 거듭 되풀이하던 아가 새들, 며칠 뒤 드디어 엄마 아빠가 드나드는 창고 지붕 밑 틈새까지 날아올랐다. 아가 새들이 날아오를 때마다 "잘했다, 잘했어."라고 칭찬하는 듯 엄마 아빠 새는 연신 이쪽저쪽 날아다니며 지줄거린다.

'아, 이제 떠나겠구나!' 생각하면서 구경과 응원을 겸하고 있는 날들, 그러나 새들은 내가 짐작한 것처럼 바로 떠나지 않았다. 천장 난간에 쪼르르 앉은 (새들) 가족이 뭐라 뭐라 하고 있다. (내 눈엔 그렇게 보였다) 바닥 구석 어디선가 대답하듯 재재거리는 소리가 났다.

살금살금, 두리번거리며 살펴보니 덩치가 다른 아가 새들보다 조금 작은 아가 새가 포르르 포르르 나래짓을 하고 있다. 나래짓이 약하다. 먹이를 충분히 받아먹지 못했는지 보송한 털도 많이 남아 있다. 엄마 새는 아가 새가 어서 날아오르기를 교육하면서 기다려 주는 듯 보인다.

다른 아가 새들은 엄마를 따라 자유롭게 여기저기로 포르르 거리는 데, 작은 아가 새는 포르르 날아올랐다가 툭, 창고의 이런저런 물건들 위로 떨어졌다. 의자 위로 떨어졌다가 날아오르다가 툭, 나무토막 더미 위로 떨어져 미끄러지고 또다시 날아오르다 공구 상자로 툭!

떨어지고 날아오르다 미끄러지기를 또 하고 또 하고…, (내가 보기에는) 아가 새는 날기보다는 아직 종종 종종 걷는 게 더 쉬워 보였지만 포기하지 않고 되풀이하고 있었다. 온 가족(새들)이 보기엔 날아오를 게 가능해 보이는지 난간에서 떠나질 않고 계속 재재재 재재재 지줄거리고 있다. "잘하고 있어. 조금만 더 해봐~"라는 듯.

며칠 뒤, 창고는 고요해졌다. 모두 떠난 것이다. 촘촘하고 예쁘게 지었던 집이 온데간데없고 빈 둥지만 흐트러진 채 덩그러니 남아 있다. 마침내 훨훨 날아올라 모두 떠난 것이다. 새들답게.

요즘 '~답게. ~답다'가 실종됐다. '시대의 아픔? 그런 건 나 몰라' 하면서 고시 시험을 부모의 재력으로 무려 아홉 번을 볼 수 있다는, 공공의 의자에 구둣발을 얹는 상식(?)이 법이 된다는, 앞사람 탓 남 탓을 하는 덩치 큰 아이도 있다는, 자유와 공정이라는 말이 이토록 천박할 수도 있음을…. 세태에 고개 돌리지도 못하고 질끈 눈도 못 감다 보니 부모답게 부모답다, 아이답게 아이답다, 어른답게, 어른답다. … 장관답게 장관답다. 대통령답게 대통령답다…, 그립다. 사무치게.

할머니를 기다리는 콩이

팔순이 넘었어도 검버섯 가려주는 분을 곱게 바르던 할머니 집 마루 앞엔 언제고 자유롭게 드나들던 노란 고양이 한 마리가 있다. 할머니는 그 고양이를 "콩"이라고 불렀다. 메주콩처럼 노래서 그렇게 부르시는 걸까 살짝 궁금했지만, 일부러 물어보진 않았다.

빈집 담장 위에 콩이가 올라가 앉아있다. 이쪽저쪽을 내려다보다가 폴짝 내려와 둘레를 빙 둘러 어디론가로 걸어가는 날들이 이어졌다. "콩이야~"하고 불러주던 할머니가 보이지 않은 지 한참됐고, 콩이가 살던 집 콩이 밥그릇 물그릇도 싹 없어진 지 오래다.

콩이는, 할머니랑 함께한 물건은 그 어떤 것도 없는 데 차마 떠나지 못하는 건지 아니면 밥을 주던 할머니가 오실 것만 같은지, 어느 순간 모든 게 짠~하고 다시 나타날 것만 같아 그러는지 그렇게 왔다 갔다 둘러보며 떠나지 않고 있다.

할머니는, 그 집으로 시집와 평생을 살았다. 물건 팔러 이 마을 저 마을 다니며 소식들도 함께 나르던 방물장수가 부모 잃은 여섯 살짜리 아이를 데려다주었고, 그렇게 가슴으로 낳은 딸아이와는 십 년 남짓 같이 살다 도시로 떠나보냈다. 자전거에 딸내미를 태우고 날마다 학교에 태워다 주던 남편(할아버지)도 오래전 떠났다. 곁에 남은 건 딸을 닮은 콩이와 (할머니의) 시숙이 산에서 캐다 심어준 전나무뿐이었다.

마당이랄 것도 없는 뒤뜰에는 할머니보다도 나이가 많은 전나무가 주인 인양 서 있다. 시숙이 살아생전 손수 심어주었단다. '손수 심 어 주 셨 다.'는 그 순간을 결코 잊을 수 없다는 듯. 그 순간만 생각하면 뿌듯하고 든든한지, 전나무 이야기할 때 할머니 목소리엔 한껏 힘이 들어갔고 은근하게 자랑 기氣도 들어있었다. 마치, 불안정하고 힘든 시집살이를 다 겪어내 비로소 남편의 안사람으로 인정받는 의식이었다는 듯.

나무가 뿌리를 잘 내리면 어떤 바람에도 쓰러지지 않고 오래오래 살듯, (할머니도) 그렇게 이 집안에서 뿌리를 내리고 무탈하게 오래 살라는 힘을 주는 의식으로 느껴졌던 모양이다.

콩이를 불러주고 밥을 주던 할머니는 몇 년 전부터 거동이 불편하고 몇 달씩 병원 신세를 지곤 했다. 그리고 여름이 문턱에 걸터앉아 꼼짝도 안 하던 어느 날 누군가 부른 119 대원들이 들고 온 구급용 들것에 실려 또 병원으로 갔다. 할머니는 119에 실리면서도 끝까지 딸 전화번호는 알려주지 않았다.

"할머니, 자녀 분들에게 전화 걸게 번호 좀 알려주세요."

"저 뻬다지(서랍) 안에 수첩 좀 꺼내줘요."

"이거요?"

"야."

떨리는 손으로 몇 장 넘기다가 옆에 있던 내게 건네주면서 조카 전화번호를 찾아 달라고 하였다. 손바닥만 한 수첩 안에는 맞춤법은 물론 띄어쓰기도 없이 소리 나는 대로 암호같이 삐뚤빼뚤 흔들림 체로 써놓은 이름과 숫자들이 빼곡히 있었다. 그 속에서 소리 나는 대로 써놓은 조카 이름을 찾아 손에 쥐어드리니 전화를 걸어 달라신다.

신호음이 그치고 '음성메시지를 남기라'는 기계음으로 넘어가도록 조카는 바쁜지 전화를 받지 않았다. 119 대원들은 "다른 보호자는 없으세요?"라고 묻고 또 물었지만, 들썩도 못 하는 허리가 침상에서 요지부동이듯, 수건과 팬티는 챙기면서도 딸 전화번호는 끝까지 알려주지 않았다. 수첩을 든 할머니가 들것에 실리는 동안 운신 못 하는 허리에서 보내는 통증 때문인지 몇 번이나 "아야야, 야야야야야! 아구구, 아구구구구!" 자지러지는 신음을 토해냈다.

할머니는 가을이 너울너울 산등성이 넘어올 때도 영영 돌아오지 못하고 이승을 떠났다.

사위 이름으로 온 부고장이 마을 사람들 핸드폰으로 전달됐고, 할머니의 삶은 평생을 살던 마을이 아닌 낯선 도시 서울 어느 장례식장에서 정리되었다. 119 대원들에게도 알려주지 않았던 전화번호를 누가 봉인 해제 했는지, 딸이 어머니 삶의 마지막 순간을 함께했고 임종臨終도 지켰단다. 저절로 아야야야, 아구구구! 신음을 토해내게 하던 통증과도 이별하고, 세상살이에서 만난 안 좋았던 기억들과도 걸림 없이 이별하셨기를…, 바라는 마음이다.

장례가 끝나고 유품 정리사들의 손에 할머니의 손때 묻은 집 안 물건들은 남김없이 흔적 없이 정리되었단다. 그런 집 안과 다르게 집 겉은 무슨 일 있었냐는 듯 몇 달 전 몇 년 전과 조금도 다름이 없다. 달라진 걸 굳이 찾는다면 담장 난간에 앉아 두리번거리는 콩이를 자주 본다는 것뿐이다. 딸은 이웃에게 사료를 사 보내면서 콩이 밥을 부탁했지만, 콩이는 몇 달이 지난 지금도 할머니 집 언저리를 돌고 있다.

고양이의 기억은 선택 작용이라고 한다. 관심 없는 일은 몇 초도 기억 안 하지만 삶과 죽음이 걸린 중요한 상황들은 잊지 않는단다. 대상의 얼굴은 기억하지 못하지만 냄새나 동작 상황을 기억하는 능력은 그 어떤 동물보다도 뛰어나단다. 콩이도 아마 그럴 것이다. 가끔 눈에 밟히는 콩이, 아무 사고 없고 별 탈 없이 제 목숨 다하고 떠나기를 응원한다.

3장

고향,
그 언저리에서

(썩어가는 감자가) 그게 아까워서.

감자를 썩힐 때는 그 옆에만 있어도 똥내가 나.

그걸 거르고 장에 가면 "저 할머이 똥내 난다." 안 했어.

요즘 같아 봐. 똥내 난다고 난리가 나고 동네가 들썩 할 걸?

감자 한 개만 썩어도 엄청 지독하잖아.

옛 날 평창 거기는 너무 추웠어,

그래도 한 가마니썩 하는 건 노나(나누어) 먹으려구.

썩어가는 게 아까워서 다 줏어다가 썩혀서 갈구(가루) 내서

이 사람 저 사람 피둘러(나누어) 줄라고.

아무리 많이 해도 친척들 노나주고 동네 사람도

(가루가 없다면) 노나주고 그래 살았지.

옛날에는 그걸 팔 줄도 몰랐어.

그렇게 순둥이같이 살았어.

골바람 부는 계절

아래 써근새라고 불리던 평촌리에서 산 지도 여덟 해다.

이 집 마당 끝에서 길을 무시하고 곧장 걸어간다면 쇠판리 길목에 있는 팔석정이 나올 것이다. 팔석정의 팔 년 전 너럭바우(바위)와 지금 너럭바우는 큰 차이 없어 보이지만 소나무는 해마다 달라지고 있다. 하긴 바위틈에 뿌리내리고 살아온 소나무가 그 자리에서 풍상風霜을 겪은 햇수는 내 나이 몇 곱절은 족히 될 테니 새삼스러울 일은 아니다.

조선 초 경기도 포천에서 나서 글씨로 이름을 날리던, 잘나고 멋진 바우에 글씨 새기기를 좋아했던 양반, 금강산에 버금간다며 강릉 부사로 가는 길에 여드레를 머물렀다가 갈 정도로 반했다는 너럭바우에 여덟 이름을 새겨 놓고는 호號를 금강산의 여름을 뜻하는 봉래蓬萊로 지은 양사언이, 마을 이름 또한 자신의 호를 따서

103

봉평蓬坪이라고 지었다는 설說이 있는가 하면, 팔석정 언저리 봉평 판관板官으로 와서 무려 18년을 살았던 이원수의 아들 죽곡(율곡의 맏형)이 정자 한 채 지어놓고 무시로 쉬러 다녔다는 설이 있는 팔석정의 소나무니까!

어릴 때, 팔석정 바위 가운데 제일 높은 곳엘 동무들과 올라간 적이 있다. 푸르다 못해 검게 보이는 물, 푸른 연꽃이 피는 돌 연못 石池靑蓮이라 불렀을 곳을 우리는 소沼라고 불렀다. 소는, 이무기가 용이 돼서 올라간 전설이 있는 곳으로 알고들 있었다.

소나무 가지를 잡고 아래를 내려 보면 푸른 연꽃이 피는 것으로는 보이지 않았다. (어디선가 주워들은) 이무기가 용이 돼서 하늘로 올라가려고 꿈틀대는 것만 같게 푸르다 못해 시커멓게 보이는 물을 보고 있을라치면 더 깊은 물 속으로 휘휘 돌며 빨려 들어가는 것 같아 오금이 간질거리며 아찔하기까지 했던 기억이 있다. 그도 그럴 것이, 시커먼 물에 잠긴 바위와는 다른 빛깔의 구불구불한 선은 소나무가 있는 곳까지 뻗어져 있었고 우리는 그걸 이무기가 용이 돼 하늘로 올라가면서 남긴 흔적이라고 믿었다.

그런 바위에서 뿌리를 박고 살았던 소나무가 시나브로 허공으로 흩어져 가고 있다. 몇 해 전만 해도, 두어 개의 구멍은 있어도 키는 고개를 젖히고 올려다보아야 할 정도로 컸고, 바람이 부는 방향으로 제법 굵은 가지도 몇 개 있었다. 그러나 이젠 고갱이가 있는 몸통만 남은 데다 그 크던 키는 아주 작아져 있다. 비바람 골바람을 맞으면서 '소나무였구나!'라고 알 수도 없을 만큼 모질게 살아왔다는 걸 그곳을 찾는 이에게 말없이 보여주고 있다.

봉산재를 감싸고 있는 산자락의 낙엽송이 풀빛이었다가 연둣빛이었다가 고운 금빛이었다가 싯누런 땅 빛이 되어 바람에 날릴 무렵을 나는 골바람 부는 계절이라고 부른다. 그리고 그 골바람은 틀림없이 팔석정 너럭바위에서 휘돌아 오는 것이라고 우겨보기도 한다.

그 골바람이 우리 마당에도 들이닥치는 계절이 성큼성큼 다가오고 있다. 팔석정 너럭바우에서 휘돌던 바람이 버덩(평평하고 너른 곳) 마을을 돌아 마을 끝 율곡교 왼쪽으로 꺾어 돌며 평촌교를 가로질러 우리 마당으로 곧 들이닥칠 것만 같다.

몇 번 재주넘기를 한 세찬 골바람은 저 위 밭으로 가거나 사과 농원으로 갈 때도 있지만, 어떤 때는 울 마당에서 몹시 심술을 부릴 때도 있다. 양철 지붕을 뒤흔들거나 아예 뜯어서 남의 밭에 펼쳐 놓지를 않나, 마당만 한 천막을 달싹 들어다 지붕 위에 덜렁 올려놓았다가 몇 시간 뒤 다시 내려놓지를 않나 하는 식으로 말이다.

오늘도 준비운동 하듯 마당으로 골바람이 설렁설렁 들이닥친다. 낮은 온도로 맞춰놓고 보일러를 켠다. 연통이 연신 그르렁거리며 기름 태운 연기를 내뱉느라 바쁘다. 기름값이 내리길 여름내 바랐지만, 러시아 우크라이나도 모자라 이스라엘 팔레스타인도 전쟁이다. 사랑과 연민 지혜와는 담을 쌓은 자들이 욕망과 성냄 어리석음으로 나라를 쥐락펴락하는 동안 힘없는 이들은 춥고 배고프고 병들고 쓰러지고 죽어가고들 있다.

골바람이 동장군을 호위하고 겨울을 데려오는 동안 전쟁은 가난과 굶주림과 질병을 몰고 오고 있다. 인드라 그물코처럼 서로 연결된 세상 순환 고리가 이 산골까지 이어져 있으니 휴, 우우웅- 퍼더덕, 휘이익- 골바람이 불어대니 생각도 많아지는가 보다.

본격으로 골바람이 불어오기에 앞서 효석 문화제가 시작이다. 문화제가 열리는 동안 머리털 나고 처음으로 부스에 앉아있다. 【평창의 작가들】 플래카드를 걸어둔 자리에서 멋쩍고 쑥스럽고 겸연쩍게….

그렇지만 누가 "왜, 여기에 있는가?" 묻는다면, "고향이 봉평이라서요." 덧붙여,

― 물속에서 눈을 뜨고 모랫바닥에 거뭇거뭇 박혀 있는 골베이*를 줍고, 드리운 버드나무 뿌리 갈대 뿌리 사이를 더듬더듬 더듬으면 하얀 조개가 나오는 남안동 냇물에서 놀던 추억이 있어서 그렇다고 대답하련다.

---

* 다슬기를 일컫는 봉평 말.

– '아름다움을 본 것도 죄라면 죄**'라던 영화, 〈수라〉의 사람 주인공의 말처럼, 어릴 때 보았던 아름다움이 죽어가고 사라져 가는 게 안타깝고 아파서 그렇다고 말하련다.

– 논은 별로 없고 밭도 거의 산비탈 기슭 밭인 곳, 되는 곡식 농사로는 감자 옥수수 메밀이 최고며, 추운 날씨로 으뜸이고 버금인 봉평을 해마다 날마다 '이효석'이라고 쓰고 '메밀꽃 축제'라 이름 지어 부르며 물질인 돈을 최고 가치로 여기면서 돈벌이 될 것만 신경 써서 그렇다고 말하련다.

– 돈 될 일 돈 될 사람만 반기는 세상 속, 따스한 추억 안고 있는 사람들이 "이십 년 전에는 안 그랬는데…," "옛날엔 안 그랬는데…," 툭 던진 말에 부끄러워서 그렇다고 말하련다.

– 입장료 냈으니까 본전 빼려는 마음으로, 하나라도 더 봐야 손해 안 본다는 마음으로 구석구석 쉼 없이 빠짐없이 돌면서 사진 찍느라 지친 이들이 경계하며 피하듯 지나치려 할 때 잠시 그늘에서 쉬어가라 자리 내주고 싶어서 그렇다고 말하련다.

** 오동필 님은 새만금의 생태가 어떻게 망가졌는지, 그로 인해 사람들의 삶도 어떻게 바뀌었는지 생생하게 보았기에 마지막 남은 갯벌 수라의 생태환경 보전에 앞장서 애쓰는 분. 지금은 아들 오승준도 생태환경 보전에 앞장서고 있다.

- '셀러브리티' 아니 '셀럽'만 알아주는 세상이라 먼저 불러주기는커녕 알아주지도 않고 시키지 않아도 제 주머니 비워가며, 말라비틀어져 사라져 가는 가치로움을 찾는 사람들과 함께하고 싶어서 그렇다고 말하련다.

세상은 아직 따뜻하다고. 따뜻한 사람 따뜻한 세상에선 골바람도 어쩌지 못할 테니까.

설, 그리다

새롭고 낯선 때에 익숙하지 않아서 '설'이라 한다. 한 해를 새로 세우다는 뜻 '서다'가 '설'이 되었다. 17세기 문헌에 따르면 '설'이, '나이' '해'를 뜻하는 말로 쓰였고, 나이를 '한 살' 더 먹는 말이라는 뜻으로 '설'이 되었다 등의 여러 설이 있지만 (낯) 설어서 설날인 듯한 음력 1월 1일 설은, 삼국시대 때부터 쇠어 온 오래된 우리 고유 명절이다.

그럼에도 설은 한동안 탄압과 설움을 받아야 했다. 구정은, 1896년 1월 1일(음력 1895년 11월 17일 고종 때), 태양력을 쓰는 일본의 신정과 구별하는 말로 쓰게 했던 말이나. 더군다나 일제강점기 때는 집에서 설을 쇠면 조선 사람들은 탄압과 핍박까지 받아야 했다. 일제에서 벗어났으나 설은 구정에서 벗어나지 못했다. 초대 정권은 크리스마스는 공휴일로 정하면서 설날은 빼고 신정만 사흘 연휴로 지정했다. 그 뒤 정권들도 설날을 고유 명절로 정하는 일에는 힘쓰지 않았다.

설날은, 1985년 '민속의 날'이라는 이름으로 하루 공휴일이었다가 1989년에 이르러서야 '설'이라는 이름을 찾았지만…, 정작 우리에겐 핍박받고 탄압받은 기억의 DNA가 작용하는 건지 따름따름(점점) 더 설다 하고, 지금까지도 이름의 예우를 제대로 못 받는 게 현실이다. 아직도 많은 이들이 '구정'이라고 하니 말이다.

(구정이 아닌) 설은 절기마다 의미를 두어 기리고 기념하던 우리 고유 명절名節 날로 설 말고도 정월 보름, 입춘, 한식, 단오, 유두, 칠석, 한가위, 중양절, 동지라는 명절이 있지만 우리네 삶에서는 거의 다 사라졌고 그나마 남은 게 설과 한가위(추석)다.

우리네 조상들은 음력 1월 1일 새해(설)를, 몸은 물론 마음도 삼가고 정화한다는 의미로 (목욕재계하듯) 재계한 뒤 조상님께 차례를 지내고, 차례를 지낸 뒤에는 고마움과 덕담을 주고받으며 웃어른들께 세배로 새해맞이를 하였다. 그래도 아쉬우면 조상이 묻힌 곳을 찾아(성묘)갔다. 이렇게 해 온 것은 조상님은 물론 가족 친지와도 설날을 잘 보내야 한해가 잘 풀린다고 믿었기 때문이다. 그 믿음은 관습 관례가 되어 몸과 마음을 재계하고 새 옷을 입고 정성껏 마련한 음식을 조상님께 올린 뒤 나누어 먹고 덕담을 주고받으며 새해의 한 살을 받아들인 것이다.

우리 집도 음력 1월 1일에 설을 쇠었다. 구정이라는 말을 쓴 기억은 없다. 민족정신이 투철해서가 아니라 대대로 이어온 관습이자 관례의 DNA가 작동하여 아무 의심 없이 따랐던 것뿐인 듯하다. 기억 속 (어릴 때) 설날을 앞둔 풍경을 더듬어 보면, 나는 설도되기 전 뭔지 모를 설렘이 알짱대 한껏 들떠있었다. 아마도 섣달그믐께의 추위와 어울리지 않는 풍경이 펼쳐졌기 때문일지도 모르겠다. 낮에는 햇빛으로 밝았지만 해가 지고 밤이 되면 호롱불을 켜지 않으면 더듬어도 모르겠는 컴컴한 부엌이, 몇 며칠 모락모락 뜨거운 김이 뭉글뭉글 피어올랐다.

여느 때는 작두에 잘린 강냉이 대궁과 콩깍지에 쌀뜨물과 (그땐 세제가 없었다) 설거지한 물을 넣고 쇠여물을 끓이던 커다란 가마솥이 맑은 물로 몇 번 씻기고 헹구어진 뒤 맷돌로 타갠 강냉이와 엿질금(엿기름)을 우리고 걸러낸 물이 가득 담겼다. 종일 장작과 잔가지를 조절해 가며 버강지(아궁이)에 불을 때는 일은 몇 며칠이어졌던 것. 할머니와 어머니는 번갈아 가며 부뚜막에 걸터앉아 길다란 나무 주걱으로 김이 설설 나는 가마솥 안을 저으면서 엿질금 우린 물을 졸였다. 졸이고 졸이면 멀겋던 물은 조청이 되었고 다시 잔불로 졸이면 엿으로 고아졌다. 엿이 고아지고 엿 누룽지를 긁어낸 가마솥은 다시 말끔히 씻겼다.

잔뜩 불린 콩이 맷돌에 갈리고, 다시 고운 천으로 만든 자루에 담겨 함지박의 (세 가닥으로 된 나무를 잘 깎아 만든) 삼발이에 얹어지면 뽀얀 콩물이 자루 밖으로 미끄럼 타듯 흘러내렸다. 달콤하고 비릿한 뽀얀 콩물을 가마솥에 쏟아붓고 장작불로 콩물을 끓인다. 끓는 콩물에 몇 년 전부터 소금 단지에서 빠져나온 간수를 적당히 휘저어 넣으면 몽글몽글 순두부가 되었고, 간수는 뭉치는 정도를 봐가며 넣는 한편 불기운도 줄여갔다. 두꺼운 가마솥은 불을 빼도 달구어져 있기에 미리미리 줄이는 게 관건이다. 이때다 싶을 때 베보자기를 깐 네모 통에 콩물을 퍼담고, 자루 위에 물동이를 눌러놓으면 네모난 두부가 만들어졌다. 엿을 고는 일이나 두부 만드는 일은 혼자 할 수 없다. 적어도 두세 명이 손발을 맞추어야 하는 일이다. 두부가 만들어지면 그믐 제사에 쓸 만두를 빚어야 했다.

어머니가 쫑쫑쫑 썰어 다진 갓김치와 배추김치에 두부를 버무려 소를 만들면, 할머니는 방바닥 넓이만큼의 밀가루 반죽을 홍두깨로 밀어 만두피를 만드셨다. 다 만든 만두피를 펼쳐 놓고 주전자 뚜껑이나 밥그릇으로 만두피를 떠내면 삼각 모양의 조각이 생기는 데 다시 뭉쳐 홍두깨로 밀기 전 몰래 집어내 화롯불에 구워 먹는 재미는 또 얼마나 좋던지…,

할머니와 엄마가 눈코 뜰 새 없이 바쁜 때가 바로 섣달그믐게다. 가마솥 옆의 밥솥 국솥도 덩달아 뭔가가 끓여지고 쪄지느라 바빴다. 뒤란에 늘 누워있는 평평한 암반巖盤 위에는 시루에서 막 쪄내 김이 설설 나는 고두밥이 올려졌다. 아버지가 모처럼 힘을 쓰는 때다. 어른 허벅지보다도 굵은 통나무로 만든 (망치 같은) 떡메를 밥

알이 뭉개지도록 (아버지가) 내리치면 할머니는 밥알이 골고루 뭉개지도록 이리 뒤집고 저리 뒤집으셨다. 밥알을 골고루 뭉개어 반죽을 만드는 일 또한 만만치 않다. 할머니와 아버지가 손발을 맞추어 떡메를 치는 동안 엄마는 삶아서 물기를 빼고 단맛을 넣고 절구질한 팥을 한 숟가락 가득 손바닥에 넣고 꼭꼭 쥐어 소를 빚어야 했다.

마침내 떡으로 만들어도 좋을 만큼 됐다 싶으면 둥글게 궁굴려 놓은 반죽을 홍두깨로 너무 얇지도 너무 두껍지도 않게 밀었다. 탱글탱글한 반죽에 팥소를 넣고 반죽을 반 접듯이 덮은 뒤 술 종지를 엎어 반달 모양으로 찍어냈다. 그러면 귀때기 떡이라고 불렀던, 쫄깃쫄깃하고도 달큼한 계피떡이 들기름 단장을 마무리로 함지박에 담겼다.

떡에 곁들여야 하는 감주(식혜)도 이때 만들었다. 울궈 낸 엿질금에 밥을 삭혀 끓이는데, 손님들에게 낼 건 가라앉혀 맑게 하고 우리가 먹을 것은 가라앉힌 걸 끓여 거무스름했다. 맛은 더 구수하고 좋았다. (지금도 그리운 맛인) 얇은 살얼음이 덮인 감주 단지에서 할머니 몰래 떠먹는 맛은 참 달큼하니 좋았다. 차례에 올릴 (할머니의) 막걸리는 며칠 전 미리 만들어 두었다.

마땅한 주전부리가 없던, 전기도 안 들어오는 산골에서는 설이나 돼야 쌀과 강냉이 튀밥을 조청에 궁굴려 빚어놓은 과즐을 먹을 수 있었고, 조청을 더 고아 반반하게 빚어 얼려놓은 엿을 물고 다닐 수 있었다. 이 모두가 설날을 앞둔 때만 만들었던 음식들이다.

가마솥은 설빔 입기 전 묵은 때 벗길 목욕물을 데우고 나서야 쉴 수 있었다. 안방 아랫목이 검누렇게 눌어붙을 정도로 몇 며칠 아궁이에 불을 때던 그날들, 나무가 타면서 내뱉는 연기와 가마솥에서 올라오는 희뿌옇고 뜨거운 김이 한데 엉겨 시커먼 그을음 싸안고 부엌 구석구석으로 사라지곤 하던 그때, 할머니와 엄마의 수고로움에는 아랑곳하지 않고 평소 먹지 못하던 먹을거리, (설 대목장에서 사다 놓은 새 옷이 반닫이 안에 들어있었지만) 아침이면 입을 수 있는 설빔 생각에 빨리 설날이 오면 좋겠다고 괜히 저 혼자 설렌 건, 어쩌면 먼 데 사는 친척들이 세배하러 찾아온다는 사실도 한몫했던 듯하다. 사람 구경하기 어려운 앞을 보면 앞산 뒤를 보면 뒷산 옆을 보면 옆 산이 있는 곳에 살았기에.

뭉실뭉실 피어오르는 김처럼 몽실몽실 일어나던 설렘으로 그믐 밤을 맞았다. (안 자고 밤을 지켜야 복을 받는다는 도교 풍속 경신수세 庚申守歲에서 비롯된) '잠을 자면 눈썹이 하얗게 센다'라는 말에 안 자려고 버티다 보면 자시(밤 11시)다. 만둣국으로 제사를 지내는 동안까지는 어찌저찌 견뎠지만, 어느새 잠이 들었고 깨 보면 설날 아침이었다.

우리 집은 섣달그믐 밤 만둣국으로 먼저 한 번 지냈고, 정작 설날 차례는 밥으로 간단하게 지냈다. 몇 며칠 준비하던 시간을 따지면 너무도 허무하게 짧게 끝나는 의식이었지만 그때는 평소 안 하던 일들이 더 관심을 끌었기에 신나기만 했다.

진짜 양반은 제사 음식을 남정네가 만들었다는데 우리 집은 가짜 양반이었는지 음식은 물론 재를 묻힌 지푸라기 수세미로 제기祭器를 닦는 일도 할머니와 엄마의 몫이었다. 남정네인 아버지는 기껏해야 제사상에 올려질 생밤을 이쁘게 (겉껍질을 깐 밤의 속껍데기를 다시 깎아내 이쁘게 만드는 일) 친다거나, 다 만든 음식을 조율시이棗栗柿梨 홍동백서紅東白西 따져가며 병풍 앞 상 위에 올려놓고 도포 의관 차림으로 향 피우고 절하는 것뿐이었다.

힘들게 며칠 밤낮을 고생하던 할머니와 엄마는 막상 차례(제사)상이 차려지면 방 문밖 봉당에 있어야 했고, 차례가 끝날 무렵이 되어 부르면 그제야 들어가 네 번 절하는 것이 고작이었지만 철딱서니 없는 나는 평소와 다른 그 모습 그 풍경도 마냥 좋기만 했다.

집에서 한참 뚝 떨어진, 샘으로 술 또는 엿 두부와 감주에 들어갈 물을 길으러 물동이를 이고 눈얼음 오솔길을 수십 번은 오갔을, 몇 단의 나뭇단을 먹어 치우는(?) 아궁이 앞에 쭈그리고 앉아 매운 연기 내뿜는 덜 마른 솔가지까지 때느라 눈물깨나 흘리셨을 어머니, 술을 담그고 엿을 고아내고 두부와 만두를 빚는 동안 잔소리깨나 하셨을 할머니의 고단한 (엄청 힘드셨을) 몇 며칠이 내게는 참 달큰 푸근 따뜻하게 설레는 날들로 기억돼 있다.

달큰 푸근 따뜻하게 느껴졌던 그때가 흑백사진의 아련한 추억처럼 일어나는 오늘날은 설이나 한가위 때나 먹던 음식이 쌔고 쌨다. 두부나 엿을 고아낼 일도 없고, 그믐에 올릴 만두를 빚는 일도 없다. 계피떡이니 식혜도 지천으로 널려있어 돈만 주면 언제든 먹을 수 있고, 마음만 먹으면 하루에도 몇백 리 길을 왔다 갔다 할 수 있다. 미처 따라가지 못할 정도로 초고속 스마트한 세상이다.

물 긷고 맷돌 갈고 가마솥에 불을 때서 엿을 고아내던 이야기는 머지않아 범이 곰방대 물고 담배를 피웠다던 이야기만큼이나 낯설고 생뚱맞은 이야기가 될 듯하다. 시커먼 그을음만큼이나 궁기가 흐르던 그때가, 지루할 만큼 느렸던 그때가 그리운 것은 설이 얼마 안 남은 까닭이리라. 구정이 아닌, 아직은 사라지지 않은 설 명절의 의미를 곱씹어 가며 기억 속 그때의 그 집 부엌 뒤란 안방으로 쏘다니고 있다.

이번 설은 부디, 달콤 푸근한 추억을 쌓는 날이기를! 함께 이야기하면서 모두가 웃는 날이기를! 말 한마디라도 힘이 되고 위로가 되는 설이기를!

까부르는* 복 쌓는 복

한 해를 알리는 네 자리 가운데 끝자리 숫자가 바뀌었다. 숫자 하나 바뀌었을 뿐인데 우리는 '새해'라고 일컫는다. (양력) 새해 또는 (음력) 설이 되면 주고받는 인사가 있다. 다른 나라 사람들은 모르겠으나 우리나라 사람들은 참으로 흔히, 저마다 약속이라도 한 듯 "새해 복福, 많이 받으세요~"를 만나는 사람마다 건넨다.

많이 듣는 말이고 흔히 쓰고 있는 '복'이라는 글자는 중국에서 왔으니 '그 나라 사람들도 중요하게 여기겠구나!' 짐작할 뿐이고, 사실 복이라는 말을 어렸을 때부터 참으로 숱하게 들었다. 그리고 머리에 낙인처럼 새겨지기 시작한 건 아마도, 무심코 한 어떤 행동에 곧바로 "그렇게 하면 복 나간다." 야단치듯 날아오는 말과 함께

---

* 곡식 알맹이에 섞여 있는 티 검불을 날리는 일.

심하게는 찰싹 소리가 나도록 맞으면서부터 일 것이다.

이를테면 앉아서 다리를 달달 떤다거나, 밥 먹을 때 쩝쩝 소리를 낸다거나, 반찬을 집고 탈탈 턴다거나, 반찬을 한 번에 집지 않고 여기저기 집적거린다거나, 점잖게 있지 않고 촐랑거린다거나, 하 다못해 어른은 물론이고 남동생들이 다리를 뻗고 앉거나 누워있을 때 다리를 타 넘을라치면, 낫 놓고 ㄱ자도 모를 때부터 '복 나가는 짓(?)' '복을 까부르는 짓'이라고 호되게 야단맞은 결과로 지금도 그렇게 하질 못한다.

한편으로는 (어릴 때) 복 받을 일을 권하기도 했다. 그건 (아주 적은 양이지만) 술을 마시는 일이었다. 언제? 음력 정월 보름 귀밝이 술을 마시는 것과 제사 지낼 때 올렸던 술, 그러니까 조상이 주는 복飮福을 받으라는 것이었다.

나이가 들면 '복이 있다, 복이 없다'라는 말을 듣지 않을 줄 알았다. 아니었다. 지금도 심심찮게 듣고 나 또한 심심찮게 쓰고 있는 걸 보니, 복이라는 말은 우리 삶에서 떼어내기 어려운 건가 보다. 특히 오복五福을 누리고 있는 사람이 있으면 가장 복 받은 사람이라며 부러워하기까지 한다. 어렸을 때 들었던 오복은 건강, 재물, 수명, 사람 그리고 이빨이었다.

내친김에 오복을 하나하나 알아볼까나. 오복은, 건강하게 오래 사는 수명, 최소한 열두 칸 기와집(요즘은 높은 건물주?)에 천 평 만 평의 논밭 재물을 가진 부, 건강하게 태어나 몸과 마음에 병이 없고 평안한 상태 강녕康寧, 덕을 좋아하고 남에게 잘 베푸는 유호덕攸好德, 건강하게 태어남은 물론 별 탈 없이 살다가 편안히 죽는 고종명考終命이다. 내가 알던 '사람 복'이나 '튼튼한 이빨 복'은 없다.

잘나고 어진 사람, 요즘은 아마도 학연·지연이 있되 권력과 재력으로 든든한 빽(?)이 될 사람이 가까이 있는 걸 인복人福이라 하고, 틀니나 임플란트가 아닌 튼튼한 잇몸에 썩은 이 없이 제 이빨로 고기를 뜯고 씹을 수 있으면 복이 있다고 들은 것과는 사뭇 다르다. 도대체 사람 복과 이빨 복은 왜 생겼을까 궁금하지만, 욕망에 휘둘리며 복닥거리고 사는 사람 세상을 보면 그럴 만도 하겠구나 싶다.

한국기독학 옥성득 교수는, '복의 본디 뜻'을 "'옛날 중국에서는 제단 앞에서 신에게 술잔을 두 손으로 바치는 모습이며, 고대 이집트 왕국에서도 무릎을 꿇고 양손에 술잔을 들고 왕이나 신에게 바쳤던 기록'이 있다. 복은 무릎을 꿇고 두 손으로 술잔을 신에게 바치며 예배하는 모습, 그러니까 복을 구걸하는 게 아니라 신이 이미 주신 복을 누리므로 행복해하며 예를 올리는 일이라고 보았다. 또한 '구약 히브리어에서 복을 나타내는 동사 바라크(ㄱㄱㄱ)는 야훼 앞에 무릎을 꿇는다'라는 뜻이라고 했다."라고 밝히고 있다.

이해한 대로 말하자면, '건강하게 태어나 건강하게 살면서 남에게 꿈질**하지 않을 정도의 넉넉한 재물로 힘들고 어려운 이웃들에게 베풀고, 사회가 이롭도록 가치 있게 쓰는 곳에 기부하면서 질병이나 사고로 죽지 않고 오래도록 건강하고 덕스럽게 살다가 편안히 죽는 이야말로 최고의 복'이라는 말이겠다.

위의 관점으로 보면 베풀기는커녕 하나라도 더 챙기고 손해는 조금도 안 보려는 짓이야말로 복이 나가는 복을 까부르는 짓일 것이다. 건강하게 태어나 남에게 꿈질하지 않고 질병이나 사고로 몸을 다치지 않는 복을 누리는 게 타고난 복이라면 베푸는 복은 내게 달렸다.

복은 베푼 만큼 돌아온다고 한다. 마치 돈이 생기는 대로 은행에 저축했다가 필요할 때 꺼내쓰듯 복 또한 베풀고 지은 게 있어야 받는 것이란다. 그래서 옛 어른들은 하나같이, '복을 받고 싶으면 많이 지으라(베풂)' 했는가 보다. 그런데 짓기는커녕 눈앞의 이익만 좇으면서 복을 까부르기만 한다면 있던 복도 다 날아가는 건 너무도 뻔한 일이리라.

복을 짓는 일, 복을 쌓는 일은 어려운 처지에 놓인 사람을 보면 고개를 돌리고 모른 척하는 게 아니라 적극 나서서 돕는 일일 것이다. 꼭 돈이 아니더라도 먹을 것이 없어 굶주리는 이를 보면 먹을 걸 나눠주고, 입을 것이 없어 헐벗은 사람을 보면 옷을 나눠 주

** 돈을 꾸는 일

는 일, 곧 베푸는 일이다.

베푼다는 건, 안 쓰는 것 또는 넉넉하게 많은 걸 선심 쓰듯 주는 게 아니다. 그건 필요 없는 걸 버리는 일이다. 진짜 베푸는 일이란, 내 것은 물론 내가 아까워하는 것들이나 내가 아끼는 것들 또는 돈이나 재물일지라도 필요한 곳과 사람에게 기꺼이 줄 줄 아는 일일 것이다.

불교는 한발 더 나아가 돈이나 물질이 아니어도 베풀 게 일곱 가지나 더 있다고 알려준다.

첫째 안시眼施, 가깝거나 멀거나 모르거나 하는 사람을 만날 때는 늘 부드러운 눈길로 대하는 일, 곧 눈으로 베푸는 일이다.

둘째 화안시和顔施, 사람을 대할 때 부드럽고 평온한 얼굴로 웃으면서 대하는 일이다. 첫째와 둘째는 평소 사람을 대할 때 마음 씀이 나타나는, 흔히 말하는 '마음의 창, 얼굴'로 베푸는 일이다. 행복한 웃는 얼굴은 상대방 마음을 편하게 하는 건 물론이고 덩달아 기분 좋게 한다.

셋째 언사시言辭施, 험하고 거친 욕설이 아닌, 남을 속이는 거짓말이 아닌, 이쪽에서 저 말 저쪽에서 이 말을 하는 이간질이 아닌, 쓸모없는 쭉정이 말이 아닌 부드럽고 진실한 말. 곧 말로 베푸는 것이다.

평소에도 사람을 만나면 기분 좋게 인사하면서 부드러운 목소리로 진실한 말을 하는 건 말할 것도 없고, 행여 상대방이 잘못했더라도 될 수 있으면 '상대방을 기분 나쁘지 않게 하면서 잘못을 짚어 줄 수 있는 말은 뭘까!'를 생각하면서 하는 말이다. 내가 듣기 싫은 말은 상대방도 듣기 싫고, 내가 듣기 좋은 말은 상대방도 듣기 좋은 법이다. 잘못을 짚더라도 장점을 찾아 칭찬해 가며 한다면 좋다. 다만, 칭찬은 고래도 춤추게 한다지만 맹목의 칭찬은 독이 될 수 있다는 것도 염두에 두어야 할 일이다.

넷째 신시身施, 몸으로 베푸는 일이다. 무거운 짐을 들고 가는 사람을 보면 기꺼이 짐을 들어 주고, 일손이 필요한 사람이 있으면 일을 거들어 주는 일, 특히 힘없는 노인이나 뜻밖의 사고로 몸을 다쳐서 집 안팎 일을 못 하는 이가 둘레에 있다면 기꺼이 거들어 주는 게 복될 일이다.

다섯째 심시心施, 마음으로 베푸는 곧 공감하는 일이다. 내가 가진 사랑과 연민심, 기쁜 마음을 나누는 일, 이를테면 위로가 필요한 사람에게 사랑 또는 연민심으로 공감하고, 축하할 일이 있으면 진심으로 축하하는 것도 베푸는 일이다. 실수한 이가 있으면 무조건 꾸짖기보다 너그러이 품어주는 일 또한 마음으로 베푸는 일이다. 핵심은 '진심으로'이다.

여섯째 상좌시床座施, 자리를 베푸는 일이다. 지하철과 전철에는 노약자석이 있어 자리를 양보 안 해도 되는 시대지만, 그래도 스마트폰에 고정된 시선을 거두고 주변을 둘러보면 자리를 양보할 일이 있다. 어디 지하철뿐이랴. 명절 연휴 때는 기차나 KTX도 좌석이 모두 매진 되고 입석 또한 매진되는 게 현실이다. 서 있는 사람 가운데 몸이 불편해 보여 기쁜 마음으로 양보한다면 복을 짓는 일이리라.

일곱째 방사시房舍施, 한문으로 풀면 집을 내주고 방을 내주는 일이다. 곧 살 수 있는 집을 내주고 잠잘 방을 내주는 일이다. 그 옛날은 오늘날처럼 교통이 발달하지 못했다. 내가 어렸을 때만 해도 봉평장으로 오는 또는 진부장으로 가는 길목에 살았기 때문에 그 고개를 넘나드는 장꾼들이 날이 저물면 하룻밤 재워달라고 하곤 했다. 어른들은 당연하다는 듯 잠자리는 물론 먹을 것도 내주었다. 넉넉한 형편이 아니었음에도. 지금이야 숙박 시설을 이용하는 걸 당연하게 여기는 시대이긴 하나 가끔은 베풀 기회가 오기도 한다. 더 나아가 살 집이 없어 집을 구하는 이에게 살 집을 내주는 일이다.

나야말로 오랫동안 일곱째와 같은 베풂을 받고 살았다. 돈은 없고 집은 필요할 때, 빈집이 있다고 알려준 이가 있었고, 빈집 주인은 몇 년 동안이나 거저 살게 해주었다. 그렇듯 지금도 집이 없어 어려움을 겪는 이가 있다. 기꺼이 베푼다면 목숨과도 바꿀 큰 복을 짓는 일이다.

비록 새해라고는 하나 어제와는 별다름 없이 숫자 하나 달라진 것 말고는 모르겠으나 "복 많이 받으라~"는 인사는 관습으로 관례 의식처럼 받는 새해다. 복은 누가 주는 게 아니니 삶을 바꾸어

가는 마음가짐으로써 새해 복을 지어야겠다. 한편 복을 까부르며
살았는지 쌓으면서 살았는지도 이참에 돌아보아야겠다.

굼벵이 먹은 감자를 깎으며

감자를 깎는다. (2025년) 지난봄 심었던 감자다.

텃밭은 겨우 사방 스무 걸음 남짓이기에 (옆집에서 준) 씨감자를 한 바가지 정도만 심었다. 풀이 무성해지는 걸 막을 요량으로 지난 가을 주워 삭힌 은행잎도 미리 덮어 두었다. 풀이 한창일 때는 뽑고 돌아서면 뽑을 풀이 또 자라있다. 그런데…, 여름도 되기 전 폭염이 들이닥쳤다.

가뜩이나 온갖 알레르기로 해마다 며칠씩 불편해야 했던 나의 목과 얼굴은 마치, 쐐기벌레와 스멀거리는 벌레들이 서로 고지를 점령하겠다는 듯 따끔거릴 공격과 가려움증 공격이 끊이지 않는 전투장이었다. 약간의 열기熱氣에도 붉은 반점이 온 목둘레로 퍼져갔고, 그럴 때마다 번번이 목둘레가 벌겋게 달아올랐다. 잠을 포기하고 얼음주머니로 목을 달래야 했던 밤이 두 달 가까이 이어졌다. 얼음주머니도 모자라 선풍기까지 동원 해가며 달래는 동안 벌젖게 부어오름은 가라앉았으나 그 뿌리는 온전히 사라지지 않았기에 햇빛도 피하고 풀도 피하는 날 또한 석 달이 넘었다.

벌레들이 전투(?) 중일 때면 가렵고 따끔거리고 심하면 가래톳이 서는 터라 감자 줄기가 말라가도 가까이 가지 못하고, 캐러 갈 엄두도 못 내고 지켜볼 수밖에 없었다. 반강제 호강을 누리고 있다가 자원봉사로 오랍드리 풀이 깎인 뒤에야 감자를 캐기 시작했다. 캘 때를 놓친 감자는 성한 게 하나도 없다. 굼벵이가 먹었거나 썩어서 흙이 된 것들도 많았다. 토양 살충제를 뿌리지 않아서라고들 한다. 진짜로 그렇다 하더라도 그런 건 뿌리고 싶지 않다. 토양 살충제는 물론이고 그 흔한 비료, 게다가 요즘엔 영양제까지 으레껏 뿌리는데 그 또한 뿌리고 싶지 않다.

이 고장의 관행농법은 때때마다 약을 치는 거다. 봄이어서, 가물어서, 비가 와서, 비가 그쳐서, 꽃 필 때라서, 수확할 때라서…, 이런저런 때가 참 많은데 그때마다 유기물 거름을 비롯해 비료는 기본이고 제초제나 살충제 또는 살균제를 뿌리고 잘 커갈 때는 더 잘 크라고 영양제 또는 (영양분이 꽃으로 가지 못하게) 억제제를 뿌리며 짓는 농사법인 것이다.

이런 농법은 땅의 크기를 가리지 않는다. 한 뼘 텃밭이 됐던 몇만 평이 됐던 누구나 그렇게 지어야 하는 걸로 알고들 있고, 귀농 귀촌한 이들을 대상으로 교육센터에서 그렇게 가르쳐 주기 때문이다. 그곳에서 가르쳐 준 대로, 모종서부터 각종 약을 뿌릴 때를 충실하게 따르는 걸 거스르거나 게으름 떠는 이들이 별로 없다.

그래서일까, 우리 텃밭을 보는 이들은 무슨 무슨 약을 추천하곤 한다. 물론 따를 생각은 없다. 밭이라고 하기엔 너무도 작으며, 주는 거름은 기껏 해 지난 가을에 파놓은 구덩이에 겨울 동안 버린 음식 쓰레기, 잘 썩으라고 효모와 흙을 덮어주거나 봄에 뽑아 쌓아 둔 풀더미가 전부일지라도.

유기물 비료에 거름을 주며 키우는 이들이 "그렇게 해서 감자가 열리겠어?" 하는데…, 그런 말을 (감자가) 듣기라도 한 듯, 꽃까지 피우며 감자순이 무성해진다. 감자순이 누릇해지면서 조금씩 말라가다가 줄기만 남았을 때 조심조심 캔다.

마른 줄기를 중심으로 호미에 찍히지 않도록 넓게 파헤쳐 가다 캐다 보면 뽀얀 감자가 툭-툭, 콩알 만 한 크기부터 어른 주먹 만한 것이 적게는 네댓 알 많게는 일고여덟 알이 올망졸망 까만 흙속에 보석처럼 박혀 있다. 둥글 넙적 말끔한 것도 있지만, 여기저기 굼벵이가 파먹은 감자가 더 많다. 비록 굼벵이 파먹은 감자지만 장갑 너머로 느껴지는 야무짐에 보람차고 뿌듯한 마음으로 벌레 먹은 것이든 호미에 긁힌 것이든 콩알 만 한 것이든 한 알도 버리질 않고 담아 들고 온다.

어렸을 때만 해도 이곳은 워낙 산골이어서 그런지 마을에는 약으로 농사짓는 집이 없었고 요즘처럼 기계로 농사짓는 집도 없었다. 어느 집이든 봄이면 땅을 파고 저장해 두었던 씨감자를 꺼내 씨눈을 뗄 때 내는 한편 외양간 바깥의 두엄더미에서 지게로 거름을 져냈다. 물기가 많아진 감자에서 씨눈을 떼 낸 감자는 갈아서 부침 개를 부쳐 먹거나 삶아 으깬 것에 갈아 빚은 옹심이를 버무려 떡 으로 쪄 먹기도 했다. 뾰족뾰족 싹이 움튼 씨감자를 흙 속에서도 무탈하게 싹을 틔우라고 퍼내 온 아궁이 재로 목욕재계(소독)를 시킨다. 그러는 동안 밭에선 소와 사람이 힘을 합친 쟁기질로 이랑 과 고랑을 만들었다. 오늘은 누구네 집, 내일은 누구네 집….

　마을 사람들은 서로서로 품앗이로 농사를 지었다. 그러나 요즘 은 그렇게 한가롭고 평화로운 풍경은 눈 씻고 찾아도 볼 수가 없 다. 약을 치는 일도 기계가 밭을 가는 일도 기계가 하는 세상이기 때문이다.

　마을 어귀의 몇천 평 밭에서 감자 심는 걸 본 적이 있다. 밭 끝으 로 우르르 들어간 일꾼들은 2인 1조로 이랑을 사이에 두고 마주 섰다. 한 사람은 양쪽으로 벌릴 수 있는 끝이 뾰족하면서 둥글게 말려진 삽날같이 생긴, 파종기라 부르는 감자 심는 기계를 들고 있 고, 맞은편에 선 사람은 앞치마처럼 두른 자루에서 꺼낸 씨감자 몇 알씩을 양손에 들고 있다. 몇천 평 너른 밭 끝자락에 서 있는, 거의 베트남에서 온 젊은 새댁 또는 청년 일꾼들이 마치 올림픽 경기에 출전하는 선수들처럼 늘어섰다. 누군가 경기 시작을 알리는 호루 라기라도 불었는지 어느 순간 재빠르게 반대쪽을 향해 가는데 그

속도가 기계 못지않다.

먼저 기계를 든 이가 검은 비닐을 덮고 있는 이랑의 봉긋한 부분의 비닐을 찢으며 푹 찌른다. 흙을 헤집은 둥근 삽날이 양쪽으로 벌어지면 맞은 편 씨감자를 들고 있던 이가 정확하게 던져 넣는다. 한 걸음 너비만큼 옆으로 옮긴 뒤 (기계가 비닐을 찢고 흙 속으로 꽂히는 소리) 푹! (감자가 던져지는 소리) 툭! 푹!, 툭! 푹⋯! 반나절도 안 돼 몇천 평 너른 밭의 이랑은 기계가 찢어놓은 검은 비닐만 나풀거리는 감자밭이 되었다.

감자꽃이 지고 하지가 가까워지면 감자 줄기를 죽이는 제초제를 친다. 감자 줄기가 누렇게 말라 죽으면 밭과 가까운, 차를 돌릴 수 있는 길가엔 크고 작은 트럭들과 1톤짜리 자루 묶음이 먼저 와서 수확하는 날을 알려준다. 작은 봉고차에서는 일꾼들이 내리고 쟁기를 단 포크레인이 밭을 뒤집는다. 호미가 하던 일을 포크레인이 하는 것이다. 일꾼들은 작은 자루를 들고 다니며 감자를 줍는다. 작거나 벌레 먹고 찍히거나 하늘 본 감자는 자루에 담기지 못한다. 오로지 큼직하고 깨끗한 감자만 자루 안으로 들어갈 수 있다. 가득 채워진 감자들은 다시 큰 자루로 옮겨지고 큰 자루도 가득 차면 기계에 들려 큰 트럭 위로 올려진다. 이윽고 작업이 끝나면 일꾼들도 트럭도 떠나고 너른 밭엔 버려진 감자들만 아무렇게나 흩어져 있다. 캐는 날 풍경이다. 밭 주인과 인연 있으면 이삭줍기도 할 수 있다.

감자는, 손에 잡히지도 않을 만큼 어쩜 그리도 클까! 비료와 거름에 영양제까지 먹었기 때문이리라. 게다가 감자꽃이 필 무렵이면 꽃이 활짝 피지 못하도록 억제제를 뿌리니 크지 않을 수가 없다. 그렇게 큰 감자는 감자 속이 터져있는 게 태반이다. 사람도 갑자기 살이 찌면 살이 트듯 감자 속도 터지는 것이다. 큰 감자를 반으로 잘라보면 검은 띠를 두른 채 터져있는 건 분명 영양이 과한 탓이리라.

그래서일까. 감자 농사로 돈을 버는 농부들 가운데는 파는 것과 먹을 것을 따로 짓는 이도 있다. 팔지 않는 감자는 산비탈에 심어놓고 감자 줄기가 다 말라비틀어질 때까지 거들떠보질 않는다. 비료 먹고 큰 감자보다 크기는 작으나 맛은 비교할 수 없을 정도로 다르기 때문이다.

우리 집 감자가 그렇다. 크기는 파는 감자 반의반도 안 되지만 캘 때도 알 수 있고 깎을 때는 더 느껴지는 단단함, 껍질과 속살을 가르는 칼끝으로 전해지는 야무짐이 다르다.

맛은 또 어떤가. 밥 지을 때 몇 알 넣으면 뜸 들이는 동안 번지는 구수함이 입맛을 돌게 한다. 감자가 많이 나는 산골에서 태어나서인지 (감자를) 별로 좋아하지 않는 편인데도, 우리 텃밭에서 캔 감자는 (거의 날마다 먹어도) 질리지 않는다. 미세하고 곱디고운 진주 가루를 뿌려놓은 듯 나는 분, 잘 익은 밤을 쪄놓은 것처럼 팍신하며 고소하고 달콤하다. 굼벵이가 파먹었건 콩알 만 한 것이건 말이다. 귀하다 여기지 않을 수 없다.

그 옛날 우리 할머니와 어머니는 먹을 게 귀해서 버리질 않았다.

"옛날은 지금보다 훨씬 추웠어. 추석 때 벌써 얼음이 얼었
거든. 저녁에 나물을 삶아서 구박에 담아 물을 부어 놓고
아침에 가면 얼음을 깨고 건져 와야 할 정도로 추웠어. 그
러니 감자를 캘 때도 지금처럼 덥지 않았어. 먹을 기(게)
없을 때라 감자를 썩혀 녹마(녹말) 가루를 내서 떡을 해 먹
었지. 감자를 썩힐라면 먼저 풀더미를 만들고 그 안에 항
아리를 묻어. 그 풀더미 안이 후끈후끈하거든. 호미에 찍
힌 거, 해를 본 거, 곰뱅이(굼벵이) 파먹은 거, 재재(작은)
한 거 마카 다 깨끗이 씻어서 거기다(항아리) 집어넣고 아
구리(입구)를 꼭 닫아 가만히 놔둬야 해. 아무리 깨끗이 해
도 곰뱅이 파먹은 속까지를 어떡해. 오래 놔뒀다가 감자가
말랑말랑해질 때는 (손으로) 꽉꽉 주물러서 걸러. 더러운
걸 걸러내고 그 밑에 건 가라앉혀야지. 물을 살살 부으며
꽉꽉 주무르면 꺼먼 건 위에 뜨거든. 살~살~ 일렁~일렁
~하면서 걸러야 해. 뽀얀 물이 나올 때까지. 그렇게 걸러
서 녹마를 가라앉혀야 해. 지금 사람들은 안 먹지.
살~랑~ 살~랑~ 일~렁~ 일~렁~ 하면서 위에 뜬 거
는 버리고 뽀얗게 나온 녹마만 가라앉혔다가 불 때는 방

에 보자기를 두껍게 깔고, 물을 쩌운(물기를 없앤) 녹마를 숟가락으로 살살 펴서 말려야 해. 반부대기(반쯤 마르면)가 되면 손으로 비벼서 채를 쳐. 채를 쳐도 눅었기 때문에 방에 불을 때야 해. 바깥에도 못 넣어. 바람이 불면 먼지가 들어가니까. 두껍게 깔은 보자기 위에다 숟가락으로 꼭꼭 눌러 얇게 피(펴) 말리다가 반부대기가 되면 손으로 싹싹 비벼서 피 넣었다가 또 비벼야지, 바짝. 딱딱하게 마르면 비벼지지 않아. 그렇게 몇 날 며칠 비비고 채를 쳐서 가루를 만들면 항아리에 넣어 둬. 지금처럼 비닐이 있으면 얼마나 좋아. 그때는 비닐이 없으니까 (가루를) 항아리에 넣어야지 어떡해. (감자떡) 한 개를 해 먹을라믄 품이 엄청 들어. 쪼끔만 잘못해도 썩은 내가 나서 못 먹어. 아유, 생각만 해도 진절머리가 나. (항아리에 넣어뒀다가) 손님이 오면 (가루를) 조금 떠와 물을 팔팔 끓여 반죽해야지. 들(덜) 끓어도 안 되고 팔팔 끓여야지 반죽이 잘 되는 데 손은 뜨거워 죽겠지. 그래서 주벅(주걱)으로 치적치적 해가며 팍팍 치대야 해. 그래야 맛있어. 감자떡을 쪄가지고 뜨거운 기만 살짝 헤치면(나가면) 먹어야 해. 그래야 맛있어. 조금만 식어도 딱딱해. 요즘 감자떡은 말랑말랑하잖아? 썩은 감자갈구는 조금만 식어도 딱딱한 기 맛이 없어.

옛날에는 그렇게 했지. (썩어가는 감자) 그기(그게) 아까워서. 감자를 썩힐 때는 그 옆에만 있어도 똥내가 나. 그걸

거르고 장에 가면 "저 할머이 똥내 난다." 안 했어. 요즘
같아 봐. 똥내 난다고 난리가 나고 동네가 들썩 할 걸? 감
자 한 개만 썩어도 엄청 지독하잖아. 그런데 한 가마니씩
썩히는 사람도 있었어. 큰 항아리 두 개, 세 개씩 갖다 놓
구. 칠월부터 추석 쉴 때까지 썩힐 때도 있어. (뜨겁고 더
운) 요즘 같으면 며칠이면 될 텐데 옛날 평창 거기는 너무
추웠어. 그래도 한 가마니씩 하는 건 노나(나누어) 먹을려
구. 썩어가는 게 아까워서 다 줏어다가 썩혀서 갈구(가루)
내서 이 사람 저 사람 피둘러(나누어) 줄라고. 아무리 많
이 해도 친척들 노나주고 동네 사람도 (가루가 없다면) 노
나주고…, (많은 게 아니다) 그래 살았지. 옛날에는 그걸 팔
줄도 몰랐어. 그렇게 순둥이같이 살았어. 그게 사람 사는
정이지. 요즘은 손등만 한 것도 '그게 얼마친데(얼마 짜린
데).' 그 소리 버텀(부터) 하면서 다 돈으로 따질라고 해.
참 강박(각박)해."

  7, 80년대 새댁이었던 어머니의 썩감자(썩은 감자가루) 만들던
이야기다. 김이 모락모락 나는, 쫄깃하면서도 들쩍지근하고 구수
한 맛이 나는, 찬바람이 일면 한 번씩 생각나는, 속이 훤히 비치는
연한 잿빛 감자떡은 그렇게 만들어졌던 거다. 인터넷에서도 팔고
있는, 생감자를 갈아 만든 녹말 또는 뚝감자(돼지감자) 녹말로 만
들어 뽀얀 데다가 하루쯤은 너끈히 말랑말랑 쫀득한 요즘 감자떡

은 2, 30년 전만 해도 없던 것이다.

한편, 아무리 우려내도 검은빛을 띠는 감자떡이 있다. 언 감자로 만들었기 때문이다. 비록 찍히고 벌레 먹고 햇빛 본 걸로 만들지는 않았지만, 겨울 동안 얼어 터져버린 감자를 차마 버리질 못하고 떡을 만들어 먹었던 거다. 또한 먹을 게 귀했기 때문이다.

"언 감자떡이 더 맛있어. 언 감자는 아무리 울궈도(우려내도) 새카매요, 얼었다노니(얼었다가 풀리니) 껍질이 잘 까져. 물에다 울구면 뭉그러져. 그걸 맷돌에다 갈면 흐물흐물 풀어져. 걸쭉하게 뭉그러지는 감재(감자)를 물에 한두 번만 울궈야(우려내야) 해. 언감자는 녹말이 안 생겨. 물을 살살 찌워내고(따라내고) 말려가지구서 화리(화로)에 구워 먹으면 쩐득쩐득(쫀득쫀득)한 게 맛있거든. 맛있어. 언감자는 아리지도 안 하고, 너무 무르면 안 익어. 그래서 한두 번 울군담에(우려낸 뒤) 꼭 짜서 놔두고, 강냉이를 맷돌에 갈면 가루가 나와. 그거에 조이찹쌀(차조)을 물에 담갔다가 맷돌에 갈고, 콩을 물에 담갔다가 갈아서 강내이 갈구(옥수수 가루)에 넣고 반죽을 해가지구 되팥을 넣고 넙적넙적하게 빚어, 그르케(그렇게) 빚어서 버드나무 광지리(광주리) 같은 데다 넣어 실공(시렁)에 얹어 놓고 있다가 저녁에 쪄먹으면 맛있어. 감자가리(가루)는 딱딱한 데 콩가리를 넣으면 딱딱해지지 않아. 아주 부드럽고 맛있어. 장작불이 나오면 화리에 담아 떡을 구우면 누렇게 부풀민서(부풀면서) 아주 맛있어. 그때는 뭐 먹을기 있나? 먹을기 귀할 때라서 그르케 해 먹었어."

여든 넘으신 고모의 산골 살림 이야기다. 너무 산골이라, 먹을게 너무 귀해서, 논도 많지 않고 되는 농사라고는 감자와 옥수수 메밀이 제일 만만했던, 몇 날 며칠 걸려야 먹을 수 있던 음식, 아, 그건 음식이 아니라 산골 가난한 사람들의 목숨을 잇는 보약이었다.

다람쥐는 왜 떡을 물어 갔을까!

40분 남짓 거리에 오대산이 있다는 건 참으로 복이다.

오대산은 한국 불교의 성지 가운데 한 곳이다. 중국 산시성에 있는 청량산의 또 다른 이름이기도 한, 문수보살이 1만 명의 보살과 함께 머무르고 있다는, 신라 때 자장율사(643년)가 중국에서 모셔온 부처님 사리를 파랑새가 안내해 주는 대로 모신 곳 가운데 한 곳으로도 기록된 명산이다. 불교뿐만이 아니라 산을 좋아하는 이들도 좋아하기에 적멸보궁寂滅寶宮으로 가다 보면 등산객들도 많이 만나게 되는 산이기도 하다.

오대산은 계절에 상관없이 인기가 많다. 월정사와 상원사, 그리고 적멸보궁이 있어서 찾는 이들이 많으며, 봄에는 높은 산 맑은 곳에만 피는 얼레지꽃과 바람꽃을 만날 수 있고, 여름이면 짙은 풀빛 그늘 걸음으로 땀을 흘리지 않고 정상에 오를 수 있을 만큼 청량하고, 평창에서 가장 먼저 고운 가을을 만나는 곳이고, 겨울의 눈부시게 아름다운 상고대를 볼 수 있는 곳이기에 또한 사람들이 끊이지 않는다.

많은 이들이 경험하였을 것이다. 보궁 또는 비로봉을 오르다 보면 만나게 되는 다람쥐들이 사람을 보고도 피하지 않는다는 걸. 오히려 더 가까이 다가온다. 보궁이든 산이든 그곳을 찾는 이들이 가지고 간 땅콩 따위의 견과류를 받아먹기 위해서다. 사실 오대산엔 잣나무도 많고 상수리나 도토리나무도 많기에 다람쥐들이 먹을 식량이 많다. 가을에는 보궁으로 오르는 길 계단에 떨어져 있는 도토리나 상수리를 보았을 거다. 받침에 털이 없으며 모양이 약간 길쭉한 도토리와 받침에 털이 있으며 도토리보다는 좀 동그란 상수리를.

가끔 새벽에 출발해 아침에 보궁에 다다르곤 하던 어느 해의 일이다. 보궁에 갔다가 종무소에서 참배객에게 안내를 해주는 이가 주는 차를 마시며 이야기를 나눈 적이 있다. 그이는 다람쥐 때문에 한동안 아주 난감했다는 것이다. 법당에 떡을 올리고 나오면 기다렸다는 듯 나타나 군데군데 집적거리고 달아나는 다람쥐 때문에. '엥? 다람쥐가 떡을 집적거리고 간다고?' 떡을 다시 쓸 수 없도록 여기 쪼금 저기 쪼금, 조금씩 집적거리면서 물고 가는 바람에 떡을 내릴 수밖에 없는 날들이 이어졌단다.

사연은, 그해 도토리(와 상수리) 풍년이 들었는데 산을 오르내리는 이마다 도토리(와 상수리)를 주워가기에 절에 사는 이들도 시간

날 때마다 함께 주웠단다. 그랬는데 어느 날부터 신도님들이 떡 공양을 올리거나 절에 불공이 있어 법당에 떡을 올리고 나오면 다람쥐가 들어와 떡이든 과일이든 조금씩 집적거리고 간다는 것이다. 처음에는 발칙한 다람쥐라며 쫓아내기 바빴는데 얼마 안 가, 다람쥐들의 식량을 거덜 냈기 때문이라는 걸 깨닫고서야 참회했다는.

다람쥐들의 복수(경고인가?)를 들으면서 웃긴 했지만, 가만히 생각하니까 다람쥐들로서는 겨울 양식을 빼앗긴 것이니 시위할 수밖에 없었을 일이겠다 싶다. 그것도 사람들이 수시로 드나드는 법당에. 그야말로 목숨 걸고 목숨을 지키려는 몸부림이었으리라. 그 뒤 절집 사람들은 도토리를 줍지 않는다고 한다. 주워가는 이들에게도 말했음은 물론이다.

그럼, 사람들은 도토리(와 상수리)를 왜 주웠을까! 묵을 쑤어 먹기 위해서다. 도토리묵이 좋다는 건 웬만한 이들은 다 아는 사실이다. 등산객이 많이 찾는 산 아래 식당들에 거의 꼭 있는 음식이 도토리묵 무침인 것도 마찬가지 이유일 것이다. 요즘은 마트에서 쉽게 구할 수 있지만 그 옛날에는 두부보다도 어렵고 번거로운 걸 집에서 만들어 먹었다. 쉽게 구하고 언제든 먹을 수 있는 음식이지만 그 옛날 몇 날 며칠 걸려서 만든 그 맛은 아니다. 어렸을 때 할머니께서 해주시던 도토리묵 맛을 온전히 기억하지는 못한다. 솔직히 말하면 어렸을 때는 도토리묵 맛을 안 좋아했다. (애들 입맛은 아니니까)

대신 도토리묵을 만들기 위해서 맷돌에 갈고 남은, 더 이상 더 곱게 갈아지지 않는 것들에 사카린을 넣고 버무려 단맛 나게 만들어 주신 군입질 거리가 어렴풋이 생각난다. 혀에 먼저 닿는 단맛에 도토리의 떫은맛은 (어느 정도) 가려졌다. 먹을게 귀하던, 과자 같은 건 아예 없던 그때 그 맛, 아니 그 군입질 거리가 그리울 리는 없다.

정작, 나이가 든 지금에서야 그리운 건 그때 안 좋아했던 도토리묵 맛이다. 마트에서 산 건 그 맛이 나질 않는다. 왜일까! 아흔을 바라보는 연세의 고모는 가을이 되면 집과 가까운 곳에 있는 도토리가 여물었는지 안 여물었는지 수시로 살피신다. 열여섯에 입을 거는 물론 먹을 거도 별로 없던 집으로 시집을 와 시어머니 시할머니 모시고 고생스럽게 사셨던, 다시 그렇게 살라고 하면 콱 죽어버리는 게 낫다는, 다시 (그 시절로) 가라면 절대 안 갈 거라는 고모는 그 시절 해 먹던 도토리묵을 쑤기 위해 힘들다면서도 해마다 도토리를 주우신다. "힘든 걸 왜 하셔요?" 여쭈면 "농약도 하나 안 치고 비료도 안 친 산의 나무 열매니 얼마나 좋소? 이 속(위장)에 찌지한(더러운 독소) 걸 다 빨아서(흡수) 간다잖아요. 종기도 웬만해선 안 난다잖아요. 그래 그 갈기(가루)를 먹는 기 좋아서." 해마다 식구들 해독약을 만드시는 거였다.

"한 됫박이고 한 움큼이고 모으는 대로, 도토리를 줏어다 말려가민서 껍데기를 까야 해. 돌멩이로 하나하나 쭈드리면 도토리 껍데기가 툭툭 터지거든. 안 터지는 것도 많고 터지는 것도 있고. 뚜꺼운 푸대자루에 너즌하게 넣고 자꾸 쭈드래. 한나절 까는 기지. 껍데기를 골라 빼놓고, 그 알갱이를 어떻게 하냐. 나흘을 뿔래야 해. 꼬박. 그기 잘 안 뿔어. 그런 담에 맷돌에 갈아야 돼. 잘 안 갈래. 쌀잘구에 버서 물을 버가며 쭈물르고. 그러다가 꼭 짜고. 다시 쭈물르고. 꼬박 나흘을 뿔랬다가 물을 쩌워야 돼. 도토리에서 울궈난 시뻘건 물이 나와. 그 물은 한 번만 쩌워야지 여러 번 자꾸 쩌우면 (가루가) 하얗게 돼. 그럼 도토리내가 안 난다고 해. 그럼 가짜라고 한다구. 맛이 엄써. 그 물을 쩌울 때 안개 같은 기 스멀스멀 따라 나오는데 그기 독이여. 그래, 한 번에 확 쏟아 버려야 해. 밑에 까라안즌 걸 굵은 도두미로, 얼개미 말고~ 그 도두미로 뿌득뿌득 비벼 쳐서 말려야 돼. 그기 잘 안 말러. 해 좋은 날은 잘 말러. 도토리 갈기가 쉬면 안 돼. 쉬면 묵이 안 돼.

옛날에는 어뜩하는가 하니 우리 어머이 보니 그러대? 생도토리를 주어다 방아에다 빠가지구는 실구에다 담아. 담아가지구는 물을 퍼붓구 물을 퍼붓구…, 아주 시커먼 물이 나오드라구. 한 미칠 그러드라구. 그래가지구 그걸 갈드라구.

갈구를 내서 묵을 쑬 때는 갈구 한 두 컵에 물을 여섯 컵 정도 넣고 미리 뿔래 봐. 미리 개나야 좋어. 찬물 부면 안 풀어져. 끓는 물을 버서 개놓고 나무 주벅을 꽂아 비시시 넘어가면 물이 맞어. 주벅이 획 넘어가면 묽은 거여. 비시시 넘어가야 찰랑찰랑 마츰맞지. 쩜을 폭 들이야 돼. 그래야 짤깃짤깃 맛있지.

도토리 줍다가 옴이 오르면 못 배기. 약 지다 먹으야 낫지. 접히는 데마다 개러워. 그 고생해가면서 왜 하는지 몰러, 지랄이지 뭐."

정리하자면, "한 됫박이고 한 움큼이고 주워 온 도토리를 돌멩이로 하나하나 두드려 가며 껍데기를 깐다. 그러면 툭툭 껍데기가 벗겨진다. 두꺼운 자루에 넣고 느슨하게 한 상태에서 껍데기가 까지는 대로 껍데기는 버리고 알맹이는 따로 챙긴다. 껍데기를 깐 알맹이는 꼬박 나흘 동안 불린다. 불린 도토리를 맷돌에 간다. 갈아낸 도토리를 쌀자루에 붓고 물을 부어가며 주무른다. 꽉꽉 주무르다가 꽉 짜기를 계속한다. 다 짜낸 뒤 가라앉혔다가 물을 따라낸다. 시뻘건 물이 나온다. 물은 한 번만 따라 버려야 한다. 여러 번 따라 버리면 가루가 하얗게 된다. 그러면 떫은맛이 안 남는다. 맛이 없다.

가라앉힌 뒤 웃물을 버릴 때 안개처럼 스멀스멀 딸려 나오는 그것은 도토리 독이다. 그래서 한 번에 확 쏟아 버려야 한다. 밑에 가라앉은 도토리 가루는 비벼가며 굵은 체에 쳐야 한다. 곱게 쳐낸 가루는 볕 좋은 날 말려야 한다. 제대로 마르지 않으면 묵이 쑤어지질 않는다. 잘못 말리면 쉰다. 쉬어도 묵이 안 된다.

가루로 묵을 쑬 때는, 가루 두 컵에 물을 여섯 컵 정도 넣고 미리개어 놓는다. 갤 때는 끓는 물을 붓고 저은 뒤 나무 주걱을 꽂아 본다. 주걱이 천천히 힘없이 넘어가면 물이 알맞은 거다. 주걱이 휙 넘어가면 묽은 거다. 힘없이 넘어가야 찰랑찰랑 맛난 묵이 된다. 뜸을 푹 들여야 한다. 그래야 쫄깃쫄깃 맛있다.

옛날 방식은 시간이 참으로 많이 걸리고 번거롭다. 결코 대충 쉽게 만들어지는 음식이 아니다. 오래오래 정성이 들어갔기에 사람을 살리는 약이나 다름이 없다. 그러나 요즘은 도토리만 주워가면 기계로 만들어 주는 곳이 있단다. 옻오를 걱정도 없고 번거롭게 몇 날 며칠 고생할 필요도 없다. 그러나 딱 알맞은 맛, 아니 '맛'이라는 말 한마디로만 설명하기에는 모자라는 무엇, 어쩌면 시간이고 정성인, 어쩌면 인내일지도 모를 그것이 없어서인지 반으로 휘어지면서도 끊어지지 않고 찰랑찰랑한, 떫은 듯 구수한 듯한 약이 될 맛은 안 나온다.

'살림'이라는 말이 있다. 살림은 생명을 살리는 일을 일컫는 말이다. 옛날에는 어머니들이 주로 이 일을 맡았다. 하지만 농업 생산보다 산업 생산을 내세우고 돈 버는 일에 가치를 두면서 가족을 살리고 사람을 살리는 일, 살림을 하찮게 여기는 풍조가 만연하더니 어느 순간 아버지뿐만이 아니라 어머니도 돈 버는 일에만 신경을 곤두세운다. 살림이 사라져 가고 살림하는 분들도 사라져가고 있다.

　고모가 돌아가시면, (그 힘들고 번거롭고 지루한 방식을 그대로 따르겠다는 이가 없으면) 막장, 간장, 고추장, 도토리묵 가루, 감자가루 만드는 법도 끊길 것이다. 누군가 노인이 돌아가시면 도서관 하나가 사라지는 일이라고 했다. 산골에서 살림하던 할머니가 돌아가시면 도서관만 사라지는 게 아니라 수십 가지의 약도 함께 사라지는 일이리라.

4장

얼떨결에
길냥이
집사가 되다

너를 처음 보았을 때

어렸을 때 읽은 소설 『검은 고양이』가 생각났어.

솔직히 좀 무서운 마음도 살짝 올라왔어.

'생명일 뿐'으로 알아차림 하기 전까지는…,

개나 고양이 같은 털북숭이 동물은 좋아하지 않고

가까이하고 나면 목이 칸칸하고 재채기하는 데두

집사 노릇을 하는 건,

쥐를 더 싫어하는 마음과

들어온 생명은 내치지 않는 법이라는 속설의 힘 덕분일 거야!

어느 날 고양이가 집으로 들어왔다

'너희도 낯설고 떨렸지? 나도 무척 낯설고 떨렸어'

어느 해 봄부터, 길냥이 두 마리의 어설프고 어설픈 집사 노릇이
시작됐다.

울 안 마당에서 고양이를 처음 본 건 (2017년) 겨울에 막 접어들
무렵이었다. 눈이 살짝 깔린 어느 날 내 주먹보다도 작아 보이는,
털 빛깔이 노란 고양이가 마당 언저리에서 기웃거리다가 창고 밑,
적확하게는 보일러실과 집 벽 사이에 있는 곳, 그곳은 잡동사니를
넣어두기 위해 지붕과 지붕 사이를 이어 붙이고 앞뒤는 합판으로
막은 곳으로 쏙 들어가는 거다.

습기나 공기가 통하게 할 겸 땅바닥에서 한 뼘 안 되게 띄워 두
꺼운 판자를 깔고 벽에는 몇 개의 선반을 만들어 잡동사니 물건을
올려두는 곳의 바닥, 틈이라고 하기엔 제법 텅 비어있을 그곳은 보

일러실에서 집 안으로 들어가는 난방 순환 파이프가 지나고 있어 뜨뜻미지근하다. 그러니 작은 덩치의 고양이들이 한파 추위를 피하기에는 그럭저럭 괜찮겠다 싶은, 그곳으로 들어간 거였다. 어디서 어떻게 이곳까지 왔는지 뚜렷이는 모르겠으나 아랫마을 어느 구역에선가 힘 있고 덩치 큰 길냥이들 등쌀에 우리 마당 안까지 왔을 거라 짐작하는 건 그리 어렵지 않은 일이었다.

요즘은 산골 마을에서도 길냥이 몇 마리쯤 보는 일은 어렵지 않다. 솔직히 어릴 때는 마을에서 고양이를 키우는 집들은 보질 못했다. 우리 집은 물론 마을에서 흔히 보는 동물은 외양간에 매여있는 누런 소와 그 옆에서 자유롭게 움직이는 송아지, 그리고 백구라고 불리는 하얀 털의 개나 누런 털의 황구 정도였다. 내가 고양이를 처음 만난(?) 것은 초등학생 때 『검은 고양이』라는 책을 통해서였고 옛날이야기처럼 해주시던 할머니를 통해서다.

그러나 산 좋고 물 좋은 이 산골 골짜기마다 펜션이라는 게 들어서면서부터 고양이들을 심심찮게 보게 된다. 주인이 데리고 온 고양이도 있지만 거의는 주인을 잃은 (어쩌면 일부러 버리고 간) 경우가 열에 아홉은 될 듯한, 그런 고양이들이 사람들을 피해 마을과 숲속을 떠돌면서 살고들 있다. 들고양이 또는 길냥이로 불리는 고양이들은 자유롭게(?) 짝짓기하면서 새끼들까지 거느리며 인심이 사납지 않은 사람이 사는 집을 (용케도) 찾아다니면서 목숨을 이어 가고 있지만, 마을마다 몇 마리씩 있으니 영역 다툼이 보통 아니다.

어쨌든, 딱 봐도 새끼 고양이로 보이는 고양이가 눈 쌓인 강원도의 겨울을 '어떻게 살아남을까!' 걱정이 앞섰다. 모른 척했다가는 두고두고 눈에 밟힐 것만 같아 '겨울 동안만이다.'라는 마음으로 인터넷을 뒤지기 시작했고, 새끼 고양이가 먹을 수 있는 사료를 주문하고는….

'냥이 밥그릇은 뭘로 할까!' 새로운, 한 번도 겪어 본 적 없는 털북숭이 생명을 거두어야 한다는 생각에 가슴이 두근두근 콩닥거렸다. 냥이 덩치에 맞는 작은 접시를 찾아서 녀석이 드나드는 곳 앞에 놔두고 한쪽에는 사료를 또 한쪽에는 물을 담아 두었다.

'먹기는 할까!' 염려 안 해도 될 만큼 접시에 담아둔 사료는 (줄 때마다) 말끔히 비워졌다. 하지만 밥을 먹는 고양이를 제대로 한 번도 본 적이 없다. 발소리, 아니 문 여는 소리만 들려도 휘리릭-창고 밑으로 사라지곤 하여 겨우 뒤통수나 꼬리만 몇 번 볼 뿐이었다. 그것만으로도 살아있음을 확인하는 일이니 다행이라 여겼다.

나는, 인간의 낯선 영역으로 들어온 노란 새끼 고양이에게 이름을 지어주었다. '세상의 복 다 받으라'는 뜻의 다복多福으로. 그리고 밥을 줄 때마다 "다복아, 밥 잘 먹고 건강하게 겨울나야 해~" 주문呪文처럼 혼잣말을, 들으라는 듯, 아니 '듣겠지'하는 마음으로 하곤 했다. 길고 긴 겨울은 그렇게 지나갔다.

봄기운이 완연한 어느 날, 여느 때와 다름없이 밥(사료)을 주러 나갔다. 그런데…,

겨울을 무탈하게 났다는 듯 덩치가 커진 다복이가 아닌, (밥을 먹으러) 기지개 켜듯 앞발과 머리를 먼저 내민 뒤, 마저 빠져나오기 위해 등뼈를 잔뜩 낮추며 스윽- 창고 밑에서 나온 고양이는 털 빛깔이 까만, 처음 보는 아주 낯선 고양이었다. 어릴 때 읽었던 소설 속 검은 고양이를 떠올리게 하는 온통 까만 털의 냥이를 보고 소스라치게 놀란 나는,

"얘, 넌 누구니? 다복이는? 다복이 내쫓고 네가 거길 차지하고 살았던 거니?"

쉴 새 없이 야단치는 건지 따지는 건지 모를 말을 쏟아내는 나를 본 까만 고양이는 '뭐라는 거냐옹?' 하듯 쳐다보더니 도망도 가지 않고 그렇다고 더 가까이 다가오지도 않는 채 "애옹~ 애옹~"거리면서 뒤쪽을 힐끔거렸다.

'너를 처음 보았을 때 어렸을 때 읽은 소설 『검은 고양이』가 생각나면서 솔직히 좀 무서운 마음이 살짝 올라왔어. '생명일 뿐'으로 알아차림 하기 전까지는…,'

다그치는 듯 말하는 내게 뭔가를 증명해 보이겠다는 듯 뒤쪽을 흘깃거리는 까만 고양이는 마치, '야, 나와 봐.'하는 듯 보였다. 그러자 내가 다복이라고 지었지만, 한 번도 제대로 본 적 없던 노란 고양이가 조심조심, 그렇지만 까만 고양이보다는 훨씬 쉽게 쏙-하고 창고 바닥에서 빠져나왔다. 익숙하게 나왔지만 내가 있는 걸 본 다복이는 다시 후다닥 들어가려고 한다. 그러자 까만 고양이가 '야, 먹고 들어가'라는 듯 한쪽으로 비켜주더니 보초 서듯 옆에서 꿈쩍도 하지 않는다. 마치 '너 먹을 동안 내가 망을 봐줄 게~'라는 듯.

다복이는 주춤주춤, 접시로 가서 사료 몇 알을 오도독거리더니 다 먹었다는 듯 얼른 창고 밑으로 다시 들어간다. 까만 고양이는 그제야 내가 있는 쪽을 힐끔거리며 남은 사료를 마저 싹- 비워버리고는 행여 잡힐세라 휘리릭 창고 밑으로 들어가 버린다. 두 고양이가 하는 짓을 보니 지난겨울 동안 쭈욱- 그런 식으로 지낸 듯하다.

"뭐야, 지금껏 너희 둘이 거기서 같이 산 거니?"

'새끼 고양이가 굶어 죽지 않도록 겨울 동안만'이라고 작정했던 생각이 혼란스러워지면서 문제점들이 보였다. 창고 밑, 그러니까 집으로 들어가는 난방 순환 파이프가 지나는 바닥으로 들어가고 나오는 곳은 바깥으로 나무판자를 덧댔기 때문에 두 고양이 특히 큰 고양이가 드나드는 문으로는 너무 좁아 보였다.

물론 고양이는 좁은 틈이나 구멍일지라도 머리만 들어가면 다 들어간다고 한다. 그래서인지 작은 다복이는 큰 무리 없이 잘 드나들었다. 그러나 다 큰 까만 고양이는 들어갈 때나 나올 때나 앞발 뒷발은 물론 허리를 활처럼 한껏 휘어야만 했다. 게다가 세어도 될 만큼 적은 양의 사료, 그걸 두 마리가 지난겨울 동안 나눠 먹으며 서로 의지하며 살았다는 사실을 봄이 온 뒤에야 알게 되니, '에고, 얼마나 허기졌을까!' 짠한 마음이 일어났다.

두 마리의 고양이, 이 집을 나가기는 글러 보였다.

한편. '집에 들어온 생명은 내쫓는 게 아니다'라는 옛말까지 어렴풋이 떠올랐다. 갑자기 식구가 확 늘어난 듯했다. 먼저 밥그릇을 큰 것으로 바꾸고, 20킬로들이 사료를 주문했다. 그리고 까만 고양이도 이름을 지어주었다. 까만 복덩이라는 뜻의 '까복'으로.

다복이와 까복이는 하루에 두 번, 그릇이 빌 때마다 꼬박꼬박 밥을 주는데도 발소리만 나면 여전히 후다닥- 휘리릭- 빛의 속도로 사라지곤 했다.

얼마나 흘렀을까!

까복이가 말(?)을 먼저 걸어왔다. 별안간 느닷없이 어느 날 문득 그랬던 건 아니다. 정확하게 말하자면 며칠 동안 보이지 않은 적이 있었고, 그때만 해도 다른 좋은 곳 찾아 떠난 줄 알았다. 그런데…,

며칠 만에 나타난 까복이는 귀와 옆구리를 날카로운 칼에 깊이 베인 듯 상처를 입은 데다 다리까지 절고 있었다.

"아유, 어딜 돌아다니다 다친 거니? 산짐승에게 당한 거니?"

나는, 까복이가 말귀를 알아듣는지 못 알아듣는지는 상관없다는 듯 안쓰러운 마음으로 중얼거렸다. 까복이는 알아들었는지 못 알아들었는지와는 상관없이 잡힐까 봐 겁먹은 듯, 아니 본능으로 사리는 몸짓을 거둘 줄 모르고 창고 밑으로 기어들어 갔다.

그들 세상의 자연법칙을 깰 생각이 없기에 그냥 두었다. 아니 그냥 둘 수밖에 없었다.

내가 가까이 다가가기만 해도 휘리릭 빛의 속도로 사라지는 모습이 마치 '인간은 끔찍이도 싫다.'라는 몸짓으로 보였고, 나 또한 나의 세상에 개든 고양이든 들어오는 게 싫었고 엮이는 것도 싫었다.

그저, 딱 요만큼! 밥을 주면 와서 먹는 정도면 괜찮다고 생각했다. 그렇게 몇 며칠, 밥 먹으러 드나드는 모습을 얼핏 보니 털이랑 살점이 뭉텅 떨어져 나가 패였던 자리의 상처는 다 아물었고, 검지도 희지도 않은 새살이 돋고 있었다. 동물은 자연 치유력이 강하고 빠르다더니…, 과연 그런듯하여 잘 낫기를 바랐다.

'까복아, 참 다행이다. 이제 어디 함부로 돌아다니지 말렴! 돌아

다니다 올가미나 덫에 걸리면 죽을 수도 있단 말이야.'

　그랬는데…, 까복이가 이상하게 굴었다. 앞발로 자꾸 눈을 비비거나 발톱으로 귀를 긁고 옆구리를 긁어댔다. 그럴 때마다 새로 돋아나오던 살이 날카로운 제 발톱에 할퀴어지면서 빨간 피가 스며나왔다. 까복이는 가려워 죽겠다는 듯 밥을 먹으면서도 쉴 새 없이 긁어댔고 피딱지는 커져만 갔다. '어떡하지! 동물 병원에 데리고 가야 하나!' 이곳은 아주 산골이라 동물 병원이 없어 원주나 강릉으로 나가야 하는데 까복이가, '얌전히 있을 테니 데려가 주세요~' 할 턱이 없다는 게 현실이다.

　그러나 알레르기 체질인 나는 가려움이 얼마나 고통스러운지를 안다. 급한 대로 면에 있는 축협에 가서 도움을 구했다. "사람이 먹는 피부약을 아주 적은 양으로 사료에 섞어 주면 된다."라는 도움말을 듣고는 봉평약국으로 갔다. 가려움증에 먹는 가루약 닷새치를 짓고, 하나로 마트에 가서 참치 통조림 몇 개를 사 왔다. 깡통속 기름을 버리고 가루약을 조금 섞어 그릇에 놔주었다. (그때는 고양이는 소금기를 먹으면 안 되는 줄 몰랐다) 다복이가 참치 냄새를 맡고 달려들었다. 약을 섞지 않은 참치를 한 숟가락을 다복이 그릇에도 놔주었다.

　까복이의 상처는 하루가 다르게 아물어 갔다.
　몇천 원을 들인 보람을 느끼며 뿌듯해하던 어느 날, 수돗가에서 빨래를 널고 있는데 까복이가 애옹~ 거리며 다가왔다. 서 있는 내 종아리와 발목에 일부러 제 몸을 스윽- 힘을 주며 스치더니 꼬리를 바짝 세운 엉덩이를 치켜들고는 계속 애옹~ 거린다.

"야, 까복아~ 너 뭐하는 거야? 왜 그래? 저리 가~"

뭘 하는 건지 몰라 "저리 가."만 뇌까리는데도 보기만 하면 쪼르르 달려와 꼬리를 치켜세움과 동시에 힘을 주며 스윽-, 휘감듯 다리를 스치며 애옹~거렸다.

'새끼들이 마구마구 늘어나면 어쩌지! 사료값은 또 어쩌고!'

까복이는 아무리 보아도 사람의 손을 탔던, 말하자면 '반려묘생 伴侶猫生'을 산 적이 있는 듯 보였다. 발소리만 나도 도망가던 녀석이 눈에 익은 사람을 보면 쪼르르 달려와 힘주어 스치거나 벌러덩 누워 배를 내보이는 걸 보면 아무래도 그런 것만 같다.

고양이의 언어를 좀 알아보아야겠다는 생각에 『개미』를 쓰기 위해 몇 년 동안 개미의 습성을 관찰했다는 베르나르 베르베르의 『고양이』를 사서 읽는 한편 인터넷으로 고양이의 특징과 특성을 검색해 보았다. 마침내 알아냈다. 사람에게 제 몸을 한껏 힘주어 비비듯 스치거나 엉덩이를 치켜드는 행동은, "너를 믿어, 널 집사로 인정했어." 또는 "네 맘대로 해도 돼!"라는 뜻이라는 걸.

하여, 내 앞에 와서 뒹굴 때 조심스레 만져보기로 했다. 조심조심 쓰다듬는데 앞발 뒷발로 내 손과 팔을 제 몸쪽으로 끌어당기려 애를 쓴다. 제 딴엔 조심스레 끌어당기는 거겠지만 날카로운 칼날과도 같은 발톱에 나의 손등과 팔뚝은 사정없이 베였다. 까복이가 그런 식으로 다가오자 다복이도 슬며시 스치고 지나간다. 그리고 자주 드나드는 사람이다 싶으면 발소리를 듣고도 도망가지 않고 빤히 바라보거나 다가오거나 집안이 궁금하다는 듯 문 앞에서 기웃거리고 배가 고프면 밥을 달라고 보채기도 했다.

특히나 까복이는 해바라기하다가도 낯익은 사람을 보면 쪼르르 다가와 배를 내보이며 쓰다듬어 달라고 이리 뒤집고 저리 뒤집어 댔는데, 목덜미를 쓰다듬어 주거나 만져주면서 엉덩이의 꼬리 쪽을 톡톡톡 가볍게 쳐주면 기분 좋을 때만 낸다는 '골골 갸르릉' 거리며 꼬리까지 살랑거렸다.

문제는 시도 때도 없고 풀을 뽑고 있어도 쫓아다니거나 눈앞에서 알짱거리며 쓰다듬어 달라고 보챈다는 것. 다복이는 그런 까복이가 부러운 듯 바라보다가 밥을 주러 가면 밥그릇 앞에서, 밥을 주는 내 손에 제 머리와 목을 스윽 문질러댔다. 그걸 신호 삼아 쓰다듬어 주면 좋아하는데 왠지 까복이 눈치를 보는 듯했다. 아니나 다를까, 다복이를 부르면 까복이가 먼저 달려와 다복에게 눈치를 주거나 쫓아버리곤 하여 나중에는 야단을 맞는 지경까지 왔는데…,

주변 사람들은 다른 문제를 걱정했다. 다복이와 까복이가 암수 한 쌍이면 나중에 새끼 고양이들이 기하급수로 늘어날 텐데 하면서 말이다. 그러기 전에 중성화 수술을 해줘야 하는 게 낫지 않겠냐며 심각하게 도움말들을 주고 있었다.

'분명, 다른 종種이기에 삶의 방식은 물론 쓰는 말과 표현도 다르건 만, 내가 털북숭이 종의 말을 알아듣는 듯 착각이 시작되면서 말을 나눌 날이 올지도 모르겠다는 망상까지 일기 시작했지.'

고양이를 키워 본 경험자들의 말에 따르면 수컷끼리는 한 군데 서 같이 못 산단다. 특히나 고양잇과들은 영역과 암컷을 차지하려 는 우두머리를 가르는 싸움이 맹렬하여 힘센 놈이 다른 수컷은 어 떻게든 내쫓는다는 것. 다행히도 둘은 그런대로 잘 지낸다. 마당에 서 가끔 둘을 같이 쓰다듬어 줄 때도 있는데 얌전하게 있었다.

다복이는 까복이와 같은 붙임성은 없다. 그저 목을 쓰다듬는 걸 조금 허락할 뿐인 데다 다복이를 부르면 먼저 달려오는 까복이의 눈치까지 받아야 했다. (내가 볼 때는) 분명 다복이가 더 건강하고 힘도 셀 텐데, 애기 때 곁에서 지켜준 게 까복이라 그런지 덤비지 는 않는다. 그러나 인간과 친(?)하게 지내는 까복이를 보는 다복이 마음은 어떨까!

호기심 많고 겁도 많은 나(다복)는 까복이 형아가 부러워요. 인간들이 만져주면 너무 행복하다는 게 보이거든요. 하지만, 하지만 나는요. 인간들을 가까이에서 바라보는 건 괜찮지만 손이 가까이 다가오는 건 싫어요. 그저 바라만 보는 게 좋아요.

그래도 여기 집사는 무섭지 않아요. 그래서 요렇게 가까이서 배를 드러내고 누워있을 수 있는 거거든요. 하지만 다른 인간이 다가오는 건 싫어요. 낯설고, 음…! 두렵기도 하고 그래요. 그리고 집사들이 나를 불러주고 이뻐해 주면 까복이 형아가 싫어해요. 나를 막 혼내거든요. 그럴 때면 무서워요. ㅠㅠ 나를 너무 이뻐하지 마세요. 그냥 멀찌감치 바라보며 이뻐해 주면 안 될까요? 오늘 아침도 까복이 형아는 이 집에 처음 온 이쁜 인간이 풀을 뽑는 그 옆에 붙어서 이쁨을 받았어요. 힝, 부러워~ 그래도 나는 그냥 여기 누워있을래요.

이건 비밀인데요. 나는 새로 생긴 집이 그런대로 마음에 들어요. 집사가 왼 종일 나무판자로 만들어 준 집인데 요리조리 들어갔다 나왔다 할 수 있거든요. 솔직히 말하면 전에 살던 곳은 집이라고도 방이라고도 할 수 없었거든요. 그냥 추위를 피하며 동네 무서운 (고양이) 형아들과 아저씨 아줌마들을 피해 다니다가 슬그머니 이 집 언저리에서 살펴봤는데, 추위랑 비를 피할 만한 데가 있더라고요. 그

래서 눌러앉았던 건데…, 이곳 집사들도 우리가 필요했나
봐요. 그럴 수밖에요.

이래 보여도 그 옛날 4천5백 년 전 우리 조상은 '바스테
스'라는 신으로 숭배받던 귀한 존재였거든요. 바스테스는
다산의 상징이었고, 미의 여신이었고, 아이들의 병도 고쳐
줬고, 죽은 자들의 혼이 길을 찾는 일도 도와주었으니까
요. 그런 까닭으로 우리 조상들은 한 2천 년 정도 인간들
로부터 숭배받았단 말이죠. 그때는 우리를 닮으려고 하는
여자 인간들도 많았고, 우리가 죽으면 장례식도 성대히 치
러줬어요. 전쟁으로 캄비세스 2세가 이집트 문명과 이집
트를 멸망시키기 전까지는요. 그렇다고 해서 우리 묘생의
역사가 끊긴 건 아니에요. 우리는 더 넓은 세계로 나가게
되었으니까요.

어떤 지혜로운 왕은 배에 곡식을 싣고 다른 나라와 교역하
러 갈 때면 우리 조상들을 꼭 같이 태웠대요. 쥐들이 곡식
을 갉아 먹는 걸 막기 위해서였죠. 그렇게 우리는 동쪽 인
도로 가서 다산을 상징하는 '사티'라는 여신이 되었어요.
그리고 우리가 기지개를 켜는 모습이나 낮잠 자는 모습을
본떠 요가라는 게 생겨났다고 믿었어요.

중국으로 가서는 평화와 안녕의 상징이자 행운의 부적 같
은 역할을 한다고 믿은 끝에 '이수'라는 여신으로 경배받
기도 했지요. 또 북쪽으로 가서는 사랑과 사랑스러움과 다

산을 상징하는 여신이 될 만큼, 우리는 인간의 역사와 떼려야 뗄 수 없을 정도지요.

역사를 한 번 보세요. 페스트로 인간들이 죽어갈 때마다 우리가 있어서 해결되었잖아요? 아무튼 그렇다고요. 이 집 집사는 이런 우리의 역사를 아는지 모르는지, 며칠 전 보니까 한 이틀 동안 드르륵거리면서 애를 많이 쓰더라고요. 인간의 말을 할 수 있다면, "어이, 머리카락 없는 집사, 애썼어~"라며 기분 좋아지라고 "갸르륵, 갸르륵~ 골골골~"해줄 텐데…,

좀 더 지켜보고 좀 더 늠름해져서 겁이 없어지고 두려움이 없어지면 그때 해줄지도 몰라요.

- 다복이 생각이에요. -

'그나저나 까복이는 어디로 갔을까?'

베르나르베르베르의 『고양이』 첫 장에는 다음과 같은 글이 나온다. '인간은 나를 먹여주고 지켜주고 사랑해 준다. 인간은 신이 분명하다.(개의 생각), 인간은 나를 먹여주고 지켜주고 사랑해 준다. 인간에게 나는 신이 분명하다.(고양이 생각)' 내가 직접 개를 키워 본 적은 없으나 개가 고양이와는 많이 다르다는 것 정도는 생김새만 봐도 알겠다. 그 가운데서도 가장 눈에 띄게 다른 건 눈이 아닌가 싶다. 개는 사람 눈과 많이 닮은 듯해서 가만히 보고 있으면 (털북숭이 동물을 좋아하지 않는 나 같은 사람도) 말이 통할 수 있겠다는 착각이 든다. 그러나 고양이 눈은 아무리 봐도 모르겠다.

어떤 이들은 '고양이가 싫은 이유는 눈'이라며 스치듯 보기만 해도 정말 무섭고 싫단다. 아닌 게 아니라 고양이 눈동자는 우리 인간과 다르게 움직인다. 고양이는 겁이 나고 낯설수록 눈동자가 크고 동그래지지만, 반갑고 기분 좋을수록 눈동자가 세로로 가늘어진다. 문제는 세로로 가늘어지는 눈동자가 무섭고 기분 나쁘고 싫다는 거다.

어쨌거나, 개나 고양이 같은 털북숭이 동물은 좋아하지 않고 가까이하고 나면 목이 칼칼하고 재채기하는 데도 집사 노릇을 하는 건, 쥐를 더 싫어하는 마음과 들어온 생명은 내치지 않는 법이라는 속설의 힘 덕분이리라. 그래서일까! 어느 날 또 한 마리의 애기 고양이가 마당 가에서 얼쩡거리며 다복이와 까복이 밥을 축내고 있다. 한 마리 더 생긴다고 큰일 나는 건 아니겠지만, '더 이상 감당하기 힘들다.'라는 생각이 강하게 들었다. 잿빛에 검은 줄무늬의 새끼 고양이는 밥을 먹고도 도망가지 않고 까복이를 졸졸 쫓아다니고 있었다. 나는 까복이에게 알아들으라는 듯 알아듣고 전하라는 듯,

"까복아, 더는 감당 안 돼!! 네가 잘 타일러 다른 곳으로 보내. 네가 잘 알아보고 다른 곳으로 데려다줘~ 알았지?"

볼 때마다 몇 번이나 그랬는데 어느 때부터 안 보였다. 신기해서,

"까복아, 네가 잘 타일러 보낸 거니?"

했는데, 며칠 뒤 이웃이 전하기를 새끼 고양이 한 마리가 밭가에 죽어 있어서 묻어주었다는 것이다. '그 애기 고양이일까? 설마…, 아니겠지!' 마음이 짠해지면서 안타깝고 불쌍한 마음이 일어났다. 그렇게 고양이와 한 지붕 아래 살면서 또 한 번의 겨울이 지나가고 봄이 됐다.

봄이 되고 햇볕이 따사로워질 때쯤 까복이가 또 안 보였다. '얘는 어디로 간 걸까! 더 좋은 곳이 생겨서 집을 나간 걸까! 아니면 암컷이 생겨 살림 차려 나갔나!' 온갖 생각이 꼬리를 물고 일어나며 궁금하지만, 대답할 리 없는 다복이에게, "다복아~ 형아, 어디 갔니?" 묻긴 하지만, 까복이가 안 보인 뒤부터 다복이도 밥을 제대로 먹지 않고 풀이 죽은 모습으로 불안해한다. 오랍드리를 돌며 애옹~ 거리니 안쓰러워 관심 가져주느라 물어본 것이지 대답을 듣겠다고 물어본 건 아니다.

'총칼이 난무하는 전쟁터에서 살아온 병사처럼 만신창이가 되어 나타난 까복이!'

한참 만에 나타난 까복이는 얼핏 보아도 만신창이다. 그 상태에서도 "까복아~"하고 부르니까 종종걸음으로 다가왔다. 세상에나! 얼굴, 배, 다리…, 쪼그만 몸뚱이 어느 한 곳도 성한 데 없이 온통 상처투성이다. 소독약을 쏟아붓듯 상처에 바른 뒤 빨리 아물게 하는 약을 발라주려고 다리와 배를 만졌더니 열이 펄펄 끓는다. 상처가 곪고 있었다. 누렇게 삐져나오는 고름을 짜려고 다리를 잡았더니 곪아 썩어 문드러진 살이 콩비지 뭉개지듯 뭉그러지면서 뭉텅, 털 뭉치와 떨어졌다.

만신창이 까복이는 아파 죽겠다는 듯 내 손에서 벗어나려 안간힘이다. 곧 죽을 것만 같다. 어떻게든 약을 발라줘야겠다고 애쓰다가 문득 한 생각이 일어 손을 놓았다. 까복이가 빨리 낫기를 바라는 마음으로 안타깝게 지켜보는 한편, (소금기를 먹으면 안 되는 걸 안 뒤라) 물에 헹군 깡통 참치살에 소염 항생제 가루를 비벼 밥그릇에 놔두고는 이제나저제나 먹어주길 바랐다. 까복이는, 옆에 와서 자꾸만 얼쩡거리는 다복이는 물론 나도 못 찾는 곳으로 숨어들어 몇 날 며칠 내리 잠만 잤다. 제 딴엔 아무도 못 찾을 만큼 깊이 숨어 들은 거겠지만, 살이 썩어들어가는 냄새를 따라 꼬여 드는 푸른 빛의 쇠파리 떼 때문에 들키곤 했다. 그때마다 나는 "까복아, 이겨야 해~ 죽으면 안 돼."를 주문하였다.

까복이는 그렇게나 잘하던 애옹~도 하지 않고 하루 한 모금의 물로만 버티고 있다. 열이 펄펄 끓는 몸으로 만사가 귀찮다는 듯, (어쩌면 자연의 법칙에서는 최상의 치료법이었을) 잡히지도 않고 보이지도 않게 더 깊숙이 꽁꽁 숨어들어 잠만 잤다.

얼마나 흘렀을까!

어느 때부터 비실비실 밥그릇까지 나와 소염 항생제를 비벼 놓은 참치살을 조금씩 먹기 시작했다. 그렇게 조금씩 먹는가 싶더니 하루가 다르게 나아가고 눈에 띄게 좋아지고 있었다. 그 모습이 하도 고마워 '살아나기만 하면 쓰다듬어 달라는 대로 쓰다듬어 주마.'하였다.

열흘 정도 지났을까! 마저 아물어 가는 상처가 귀밑 볼과 턱밑에만 남았을 뿐 다리와 옆구리와 여기저기 배의 상처는 깨끗하게 아물었고 새살이 차올라 있다. 세상에나! 보드랍고 윤기가 흐르는 새까만 털이 보송보송 새로 나고 있다. 뿐만이 아니라 뼈에 털가죽만 씌워놓은 듯 앙상했던 몸통도 제법 살이 붙었다.

까복이가 죽을힘을 다해 만신창과 싸우고 있는 동안 다복이는, 냄새나고 절룩거리는 까복이를 기다려 주며 행여 보이지 않으면 애타게 찾아다니다가 멀리서 (까복이가) 나타나기라도 하면 쪼르르 달려가 얼굴을 부비며 반가워했고, 보이지 않으면 잘 먹지도 않고 풀이 죽은 모습으로 불안해했다. 다복이의 그런 모습도 안쓰럽고 안타까워 까복이가 빨리 낫기만을 바라고 바랐다.

사실 나는 타고날 때부터 비위가 약했다.

어렸을 때는, 밥 먹는 자리에서 누가 방귀만 뀌어도 토할 정도로 더럽거나 물컹 썩어가는 걸 보거나 만지는 것도 싫어했다. 하물며 짐승의 썩어가는 상처를 만지는 일이랴! 그러므로 까복이가 만신창이가 되어 나타났을 때, 마음이 일그러지는 걸 알아차림 할 수밖에 없었다.

고름이 누렇게 차 콩비지처럼 살점이 떨어지는 걸 알아차림 하면서, 아파서 발버둥 치는 까복이의 다리를 움켜잡으면서 까복이는 분명, '싫다'하는 대상을 공부하라고 온 '선지식'이라고 생각하기로 했다.

그랬다. 그랬는데….

'나름대로 질서와 규칙 속에 사이좋은 듯 냉정한 듯, 가만히 보니 제가끔 살아가는 방식은 참 다르더구나!'

뼈만 남았던 다리에 새살이 돋고 털도 보송보송 새로 나기 시작했다. 언제 아팠냐는 듯 말끔히 건강해진 까복이는 '이제는 온전히 내 집사가 되어 나만 바라보라.'는 식으로 쓰다듬어 주기를 요구했고, 언제부턴가 바깥으로 나가기 위해 문을 열기가 겁이 났다.

문소리가 나면 마당 끝에 엎드려 있던 다복이는 야오옹~ 소리와 함께 눈길을 주는 것으로 끝이지만, 까복이는 기다렸다는 듯 쪼르르 달려와서 다짜고짜 벌러덩 드러눕고는 아오옹~ 거렸다. 모른 척 지나치면 쫓아다니며 아옹~ 아오옹~ 때와 곳을 가리지 않고 쓰다듬어 달라 떼(?)를 썼다. 보다 못해 목과 얼굴 꼬리 쪽을 잠깐 쓰다듬어 주면 성에 안 차 그 분풀이를 다복에게 하악-질을 하거나 목덜미를 공격하는 것으로 풀었다.

다복이는, 까복이를 만져주고 있을 때는 다가오지 않고 멀찍이 떨어져서 저 혼자 괜히 나무 의자 다리에 얼굴을 부비고 있다가 밥을 주러 가면 그제야 쓰다듬어 달라는 몸짓으로 내 손목에 제 얼굴이나 목을 부벼 댔다. 예전에는 안쪽에 있는 밥그릇으로 먼저 들어갔는데 이제는 까복이에게 양보(?)하고는 바깥쪽 밥그릇 앞에서 밥은 먹지도 않고 쓰다듬어 주기를 기다렸다.

처음엔, '쥐만 쫓아 주면 밥값은 하는 것이니 괜찮다.' 여겼는데, 그리고 추워질 때를 생각해 난방을 신경 쓴 방 두 칸에 식당(?)까지 달린 집을 지어주는 것으로 끝내려 했는데…, 물을 떠다 주며 빠지는 털을 (고양이) 빗으로 쓸어주고, 이제는 쓰다듬어 주기까지 해야 하는 내 신세라니! 쥐를 쫓아 주는 대가가 참 만만치 않다.

날 좋은 날, 꽃밭의 풀을 뽑을 겸 바깥에 있는 동안 두 녀석이 노는 모습을 자연스레 바라본다. 다복이는 한참 크는 기운이라 그런지 나무 꼭대기는 물론 만들어 준 층층이(캣타워)도 겁 없이 오르락내리락하는 반면, 까복이는 늘 인간의 손길 고파하면서 다복이에게 시샘을 부리는 듯 보였다. 같이 잘 지내라고 지어준 집 아래위층을 잘 쓰는가 싶더니 어느 때부터 까복이가 모두 차지하고 다복이는 이슬만 피하는 마루 신세다. 플라스틱 상자에 캠핑 매트를 둘러 임시로 방을 만들어 주었지만 겨울나기에는 마땅치 않다. (추우면 같이 쓸려나!)

녀석들과 함께 산 지도 만 1년이 훌쩍 넘었다. 다복이는 아가 티를 다 벗고 어른 고양이가 됐다. 분홍빛 말랑말랑한 발바닥은 아직 좀 남았지만, 털은 꽤 거칠거칠해졌고 나비나 새가 팔랑거리면 거침없이 쫓아가면서 높은 곳으로 훌쩍 뛰어올랐다가 훌쩍 뛰어내리기도 하면서 과감했다. 하지만 까복이는 만져달라고 드러눕기만 했지 30센티도 안 되는 높이의 집을 오르내릴 때도 디딜 곳을 찾아가며 조심조심 몸을 사렸다. 높은 곳은 아예 오를 생각도 하지 않았다. 발바닥을 보니 새카맣게 변한 군은살이 거칠고 딱딱했다.

어쨌거나 털 있는 동물은 좋아하지 않고 목이 칼칼 재채기에도 길냥이들의 집사 노릇을 하는 건 '쥐는 더 싫어'하는 마음과 '들어온 생명은 내치지 않는 법'이라는 속설의 힘이겠지만 틈날 때마다 두 녀석에 다짐받는다.

"우야든, 탈 없이 잘 살자꾸나! 이번 겨울도! 알았지?"

'다복아, 그때는 정말 서운했단다. 그리고 미안하다, 잘못 생각했던걸.
참말로 속상했어. 어울렁더울렁 그럭저럭 잘 살기를 바랐거든.'

다복이와 까복이는 더 이상 길냥이가 아니라 집냥이가 다 된 듯하다. 여느 반려묘와 집사처럼 집안에서 살면서 안고 쓰다듬고 뽀뽀하는 것도 아니고, 기껏해야 달려와 벌러덩 드러누우면서 배를 드러내면 쓰다듬는 정도지만 발소리만 들어도 휘리릭 도망가던 처음을 생각하면 격세지감이 아닐 수 없다. 우리는 (겨우 그 정도지만) 제법 잘 어우러져 살고 있었다. 보름 동안 집을 비우기 전까지는.

보름 동안 집을 비워야 하는 일이 생겼다. 다시 또 길냥이가 되어 밥을 찾아 헤매면서 굶을까 봐 일주일 치 밥이 담길 그릇을 만들어 미리 담아 두는 한편 이웃에 사는 지인에게도 시간 되는 대로 들러 밥이 있는지 없는지 봐주고, 없으면 밥을 담아 달라는 부탁도 미리 해두었다.

그러고는 두 녀석에게 "다녀올 동안 굶지 말고 잘 먹고 사이좋게 잘 지내고 있어~"하고 다짐의 다짐을 하고 다녀왔는데…, 돌아와 보니 다복이가 보이질 않는다. 처음엔 '어디 멀리 마실 갔겠지.'라고 생각했다. 그러던 어느 날, 세워 둔 차 밑에서 다복이가 원망스러운 듯 냐옹~ 거리면서 바라보더니만 아랫마을 쪽으로 가버리더라는 말을 이웃으로부터 전해 들었다.

가까운 이웃들은 고양이에 대한 상식을 한마디씩 전해주는데,

"고양이는 밥을 주던 사람이 안 보이면 버렸다고 생각한대요."

라는 말이 가장 그럴듯하게 들렸다. '음, 그럴 수도 있겠구나!' 하면서도, '에이, 소심한 녀석 같으니라고! 집을 좀 비웠다고 삐져서 집을 나갔단 말이야? 그려, 떠나고 싶으면 떠나야지. 어쨌든 어디를 가든 로드킬은 당하지 말고 잘 살려무나~' 하고는, 그래도 배고프면 와서 밥은 먹고 가라는 마음에서 밥그릇에 밥을 늘 채워 두었다.

다복이는 이런 나의 마음을 알았는지 낮에는 멀찌감치에서 가끔 눈에 띌 정도로 있다가 새벽이면 몰래 와서 밥을 먹고 가곤 했다. 나 또한, 문만 열면 애옹~ 거리던 녀석이 집 언저리에서 빙빙 돌기만 하고 집으로는 들어오지 않기에, "배은망덕한 녀석, 집으로는 들어오지 않으면서 밥은 먹고 가는구먼!" 중얼거리곤 했다.

그러는 사이, 다복이는 (집을 나간) 소갈머리 좁은 삐돌이로 낙인이 찍혀버리고, 까복이는 참을성 있게 기다려 준 의리냥으로 사랑을 독차지하고 있었다.

볕 좋은 어느 날 오후, 마당으로 나와 얼쩡거리고 있는데 차 밑에서 고양이 소리가 들린다.

엎드려 차 밑을 들여다보았다. '어랏, 다복이네?' 다복이가 엎드려 나를 바라보고 있었다.

"다복아~"

"냐옹~"

"어디에 갔었니?"

"냐웅~"

"이리 와, 냠냠이 먹자~"

"냐웅, 냐웅~"

"냐오옹~"

"어, 까복아~ 다복이 왔네~?"

나와 다복이가 주고받는 말(?)을 듣고 까복이가 나타났다. 그런데 뭔가 심상치 않아 보인다. 까복이를 보자 다복이가 자세를 바꾸며 움츠러든다. 슬금슬금 까복이가 다가가니 다복이가 벌떡 일어나 눈치를 보면서 재빠르게 차 밑에서 바깥으로 빠져나간다. 그 모습을 보던 까복이가 뒤쫓아간다. 다복이는 온 힘을 다해 다릿목 아래쪽으로 내달린다. 쫓기고 쫓는 다복이와 까복이, 아무리 불러도 아랑곳하지 않는다.

그리고 뒤늦게서야 진실을 알게 되었다. 다복이가 소심하거나 배은망덕한 게 아니었다. 까복이가 내쫓은 것이었다. 내가 없는 동안 쫓아낸 것. 주변의 이런저런 말과 눈에 보이는 상황들을 모아 미루어 짐작해 봤다.

밥 주던 집사가 어느 날부터 안 보이니까 '다복이 너 때문이야. 너 나가!' '어, 집사가 안 보이네? 이 기회에 얘 내보내야겠다. 한 구역에 우두머리가 둘일 수는 없지.'라는 생각이 미치자 까복이가 괘씸해졌다. 그로부터 사흘째 까복이는 나와 눈을 마주치지 못

했고, 냐옹~ 거릴 때마다 "다복이 데리고 들어오라" 말을 들어야
했다.

"까복아, 네가 아무리 미물이라도 그렇지. 다복이 덕분에 네가
여기서 살게 됐잖아. 그러면 안 되는 거야. 추운 겨울을 같이 나면
서 함께 살던 아이를 내쫓는 건 잘못한 거야. 안 그래? 다복이 데리
고 오기 전까지는 쓰다듬어 주지 않을 거니까 얼른 다복이 데리고
와. 다복이가 너무 말랐더라. 너, 진짜 그러면 안 돼. 사랑을 독차지
하려고 같이 살던 아이를 내쫓는 건 아니지. 아무리 생각해도 그건
아니야. 그러니 얼른 가서 데리고 와. 알았지?"
　볼 때마다 어르고 달래고 야단을 쳤더니 야옹~거리지도 못한
다. (안 하는 걸 수도 있다) 밥은 주지만 눈은 마주치지 않고, 눈에 띌
때마다 다복이 데리고 오라고 주문을 걸었더니 어느 날부터 까복
이가 보이질 않는다. 사랑은커녕 야단까지 맞으니 삐져서 나간 걸
까? 후회하는 마음이 널뛰기 시작했다.

'만져 달라 조르고, 벌러덩 드러눕고, 안 되면 졸졸졸 따라다니
는, 눈앞에서 재롱부리는 (듯한) 모양이 귀엽, 만져도 도망 안 가
고 구르고 눕던, (까복에게) "이제라도 그 버릇 끊자꾸나!" 했던걸!
　문만 열면 쪼르르, 멀찌감치에서 보이기만 해도 쪼르르 달려오
는 걸 이쁘다 기쁨이다, 즐거움이다, 착각했던걸!
　골골 골골거리며 좋아하니까, 너희 부드럽고 거친 털을 만진다

는 게 신기하니까, 조르니까 손길을 주고받는 일이 일과처럼 으레
껏 해야 하는 일이 됐음을 어느 순간부터 엄청 불편하고 부담스럽
다 느꼈던걸!

(특히 까복이는) 목마름이 끝이 없고 만족이 안 되면 다복이를 물
고 위협하며 하악-질 하는 걸 영 마뜩잖게 보았던걸!

까복이를 만져주고 있을 때 다복이가 곁에 오지 못하게 (까복이
가) 눈치를 주면 다복이는 멀리서 빙빙 돌며 나무나 의자에 얼굴
과 목을 비벼대는 게 안쓰럽기도 했는데….

사실, 우리 인간을 알기 전에는 너희들끼리 서로 의지하고 놀면
서 인간의 손길을 더 받기 위해 눈치 주고 눈치받는 일은 없었을
테고, 그저 너희들만의 생존 본능 생존 방식에 충실했을 텐데 공연
히 너희들 삶에 끼어든 것만 같아 미안해졌어.

까복아, 다복아~ 이제라도 늦지 않았으니 처음 너희를 만나던
그때처럼 살면 안 되겠니?

밥 없으면 밥 달라고 물 없으면 물 달라고 추우면 춥다고 하렴.
얼지 않고 배곯지 않도록 눈 비바람은 막아 줄게.

자연의 섭리 거스르지 않고 사랑으로 지켜는 주되 정情은 들이
지 않도록.

사실 정이라는 게 알고 보면 말이 좋아 정이지 그 속을 파헤쳐
보면 질긴 집착이거든. 이기심이 웅크리고 있을 때가 많아. 아낌없
고 바람 없는 사랑과 연민 그거면 되는 건데. 너흰 너희 세상에서
난 나의 세상에서 서로의 삶에 충실하면서 말이야. 미안하다. 떠난

뒤에야 알겠구나!'

'까복아, 너는 나에게 말을 걸어왔지.
내 삶에 처음으로 만져주고 쓰다듬어 준 고양이는 너야.
네가 아플 때 죽을까 봐 걱정하고 살리려고 애를 쓴 건 진심이었어.
너는 내 기억 속에 늘 있단다.'

제 발로 나 간 줄 알았던 다복이는 사실 내쫓긴 거였고, 그런 까닭을 몰랐던 나는 까복이에게 먹을거리는 물론 쓰다듬어 주는 일도 만족할 만큼 해주었다. "너는 소심하게 나가지 마."라는 말은 군더더기로 하면서.

그러나 사실을 알고 난 뒤엔 볼 때마다 밥 줄 때마다 "다복이 데리고 와~"라고 하면서 털끝도 건드리지 않은 지 한 달 남짓 되었을 때, 까복이는 체념했는지 가까이에서 봐도 야옹~ 거릴 뿐 달려오지 않고 소 닭 보듯 했다. "밥 먹자~"하면서 밥그릇 있는 곳으로 가면 쪼르르 달려와 밥은 먹지만 비벼대거나 벌러덩 눕지도 않는다. "그래, 딱 이렇게만 하자~"

새카맣던 배와 옆구리 털이 거의 잿빛에 가까운 희끗희끗 흰 털이 많은 까복이는 사람으로 치면 근육이 다 빠진 노인인 건지 폴짝 뛰기는커녕 의자에서도 뛰어내리지도 못하고 조심조심 오르내린다. 사람이나 짐승이나 나이 듦 앞에서는 장사가 없는 듯하다.

"까복아, 잘 늙자~ 추해지진 말자~"

'까복아~'라고는 했지만 사실 내게 하는 말인지 모를 소리를 중얼거리는 날들이 많아졌다.

한편 내쫓긴 다복이는 까복이 그림자만 있어도 마당 안으로 들어오지 못하고 두려워했다. 배가 고파도 먼 언저리에서 야옹거리고 그나마도 까복이가 쏜살같이 달려가니 멀리, 더 멀리 도망가느라 바빴다.

그런 다복이가 요즘 아주 여유롭게 마당으로 들어와 밥을 달라고 야옹거리며 집 안을 보려는 듯 기웃거리기까지 한다. 열어 놓은 문 앞에 배를 깔고 누워있기도 하고 자동차 밑에서 늘어지게 잠도 잔다.

그러고 보니 까복이가 보이지 않은 지 보름이 넘어간다. 얼마 전 암컷들의 발정기가 있었는데 그때 나가서 아직 안 들어온 듯하다. 벌써 몇 번이나 그런 적이 있었기에 그때 나가서 아직 안 들어왔는가 보다 했는데, 고양이와 오래 살아본 사람들의 말은 '나간 지 일주일 넘었는데도 안 들어오면 밥을 주는 더 좋은 데가 생겼거나, 무슨 일이 생겼거나' 한 것이라고들 한다.

앞의 경우이길 바라는 마음이 큰데 윗집에 살면서 내가 없을 때 밥을 챙겨주곤 하는 이웃이 어느 날 "까복아~"하고 부르니 애옹~거리면서 대답은 해주지만 뒤를 돌아보고 또 돌아보면서 자꾸만 멀리 가더란다.

그 말을 들으니 '스스로 집을 나간 건가!'하는 생각이 들면서 내가 내보낸 것 같아 마음이 아려왔다. 그런데 또 누군가는 '고양이는 죽을 때가 되면 밥 준 사람 눈에 안 띄게 나가서 죽는다'라고 한다. 그리고 보면 까복이는 할아버지다. 여기 와서도 두 번이나 죽을 뻔했고, 죽을 때가 가까웠던 건 아닌가 싶기도 하고, (어쩌면) '죽기 전에 사랑을 듬뿍 받고 싶어서 그랬던 걸까!'라는 생각도 들었다.

사실, 다복이(& 까복이)가 들어오기 전에는 밤마다 쥐들이 천정에서 달리기 경주를 해댔다. 가끔은 방 안에도 나타나 나와 숨바꼭질까지 했다. 하여, '고양이를 키워야 하나!' 고민하던 날들에 다복이가 들어왔으니 반가운 한편 낯설고 갑갑하기도 했다. 한편으로는 고양이에 대해 알아보고, 알아가는 동안 고양이가 좋아한다는 탑을 만들어 주었고, 집도 만들어 주었다. 먹이가 떨어지지 않도록 미리 준비하는 동안 집냥이가 다 됐다 싶을 만큼 제법 가까워져 있었다. 어느 날 우연히 반전 상황이 있었음을 알기 전까지는 말이다. 그리고 어쩌면, 보름 넘게 집을 비우지 않았다면 아직 잘 지내고 있을지도 모를 일이다.

길냥이들 수명은 집냥이들 수명의 반밖에 안 되는 평균 3년, 보통은 2년 길어야 5년이라고 한다. 그렇지만 아직도 밥 잘 주고 잘 쓰다듬어 주는 좋은 인연을 생겨서 나간 것이라고 믿고 싶다.

'다복아, 굶기지 않을 테니 밥값 좀 해주렴~'

까복이가 영역 안에 없다는 게 분명하고 확실해졌다는 걸 다복이가 증명하고 있다. 더 이상 마당 끝에서 쭈뼛거리지도 않고, 지어준 집도 제집이라 여기는 듯 언제든 자유롭게 두리번거리지도 않고 느긋하게 드나든다. 그리고 무엇보다도 게을러졌다. 어쩌면 고양이 종족의 진짜 생존 모습일지도 모르겠다.

(내가 보기에는) 다복이의 하루는 (밤엔 뭘 하는지 모르겠고) 아침 먹고 자고 자다가 배고프면 또 밥 먹고 허기를 채웠다 싶으면 몇 알밖에 안 남은 밥알 따위는 미련 없다는 듯 돌아선다. 볕이 들지 않으면서 보송한 데서 자고, 문 여는 소리에 자다가도 "냐오옹~ 냐옹~ 냥~"으로 아는 척해주고, 목마르면 냐오옹~ 거리며 물그릇으로 가서 혀를 할짝거리며 물을 먹는다.

낮에도 마당에서 가장 따뜻한 데를 찾아가 꼬리를 옆구리 쪽으로 붙여 갈무리고, 발톱도 오므리고 조는 건지 명상 중인지 눈을 감고 있다가는 작은 소리에도 귀를 쫑긋 세우고 수염 가닥을 곤추세우며 흠칫 놀라지만 세상에서 가장 게으르다는 듯 여유로운 모습으로 행복해 보인다.

불안해하지 않고 행복해 보이는 다복이는 밥을 주러 가면 은근슬쩍 '만져도 좋아.'라는 신호를 보냈다. 하여 꼬리뼈가 있는 엉덩이와 목덜미 머리와 얼굴을 쓰다듬어 주면 (만져주는 동안) 먹는 걸 미루고 가만히 앉아있기도 했다. 단 다른 사람이 없을 때만.

비가 오지 않을 때는 의자 위에서 자곤 했는데 태풍이 온대서 접어둔 햇빛 가리개 천이 좋은지 툭하면 그곳에 가서 엎드려 있다. 그런 다복이를 보면서 또 주문을 건다.

"다복아, 밥은 굶기지 않을 테니 더 많은 건 요구하지 말고 딱, 지금처럼만 살자~ 알았지~ 그리고 밥값 좀 해 줘~ 우리 집은 물론이고 오랍드리에서 기웃거리는 찍찍이들, 갸들 좀 쫓아줘. 알겠지?"

심장이 덜컥! 내려앉는 것만 같았어. 내 말 알아들었던 거니?

다복이는 어느 때부터는 먹이를 줄 때는 털끝이 스칠 정도고, 맛난 것 줄 때는 손가락까지 핥지만 만지는 건 싫단다. 야생의 특성이 살아난 듯하다. 나도 그러기로 했다. 우리 사이는 딱 1미터, 가깝지도 멀지도 않은 불가근불가원不可近不可遠 딱, 이만큼!

집냥이도 길냥이도 아닌, 집사도 주인도 아닌 어정쩡한 사이지만 나는 다복이라 불러주고 다복이는 '냐옹~'으로 대답하거나 밥을 달라고 불러내는 사이다. 그런 다복이를 보면서 관찰하는 시간이 많아졌고, 밥을 줄 때마다 다복이를 향한 혼잣말도 늘어갔다.

"다복아, 천정에 찍찍이가 있는 것 같아. 네가 좀 어떻게 해 봐. 밥만 축내지 말고. 밥값은 해야잖아? 찍찍이 좀 내보내. 알았지?"

주문하긴 했지만, 그저 바깥에서 "야옹~ 야옹~" 거리면 찍찍이들이 겁을 먹고 오지 않거나 나가지 않을까 하는 정도였지 말을 알아들을 거라고는 믿지 않았다. 차방茶房이자 마루인 천정에서 밤이나 낮이나 사람들이 있거나 없거나 아랑곳없이 갈그작 거린 지도 꽤 오래되었고, 손으로 대충 꼽아도 몇 달 되었다. 하지만 찍찍이가 아닐 수도 있다고도 생각했다. 찍찍이라면 보통은 사람들 말소리가 들리거나 천정을 두드리거나로 겁을 주면 조용해지기 마련인데 안 그랬기 때문이다. 언제부턴가 갈그작 거림이 부쩍 더 심해졌지만 함께 있던 사람들도 "나무를 갉아 먹는 벌레인가 보다"라는 결론을 내렸다. 하여, 아침마다 천정의 나무 틈에서 쏟아져 내린 눈처럼 하얀 스티로폼 가루를 쓸면서 찝찝함도 함께 털어내곤 했다.

그러던 어느 날 이웃이 "빨리 나와 보세요~ 다복이가…!"라며 다급하게 부른다. 다복이가 "야옹~" 대는 소리도 함께 들려왔으나 상황은 도무지 짐작이 가질 않았다. 바깥으로 나갔다. 다복이가 나에게 보란 듯이 물고 있는 것은…, '헉!' 고양이는, 자기가 마음에 드는 인간에게 저가 좋아하는 또는 사냥한 걸 선물하는 버릇이 있단다. 그래서인지 아니면 내가 주문 걸듯 중얼거렸기 때문인지 다복이는 찍찍이 한 마리를 물고 제집으로 들어가서는 떡하니 밥그릇에 올려놓는다.

쥐는, 잡식동물로 곡식은 물론 곤충이나 죽은 자기 새끼까지 먹어 치운다고 한다. 게다가 쥐 한 쌍이 1년에 무려 1,250마리의 새끼를 낳을 정도로 번식력도 높단다. 그리고 고양이에게 꼭 필요한 영양소 타우린이라는 게 쥐에게 있단다. 정말 "헉!" 소리가 절로 나올 정도로 놀랐지만, 다복이가 놀랄까 봐 짐짓 아무렇지 않은 척, 침착하고 아주 차분하게 말했다.

"오, 그랬구나! 찍찍이를 잡았다고? 오구오구 잘했어. 다복아, 고마워~"

그런데 다복이는 나를 한 번 더 놀래킨다. 제 밥그릇에 내려놓은 찍찍이를 '아드득, 오드득!' 소리를 내며 먹기 시작하는데 심장이 오그라드는 것만 같다. 애써 아무렇지 않은 듯 차분하게 돌아서며 "그래, 알았어. 나는 들어갈게~" 한참 뒤 다복이 밥그릇을 보니 말끔하게 비우지 않고 작은 덩어리 하나를 남겼다. '배가 불러서 남겼나?' 하고는 밥(사료)을 담지 않고 그냥 들어왔다. 그 상황을 본 이웃이 걱정스러운 듯 "쟤, 어떻게 해요? 잡아먹지 말라고 해야지 않을까요? 자꾸 살생殺生하면 안 되잖아요."

솔직히 나는, 다복이가 더 가까이 다가오는 것을 원하지 않는다. 본디 종족의 본성을 잃는 것 같아서다. 그러기에 다복이가 내게 길들여지는 걸 원치 않는다. 다만 고양이 삶을 이해하고자 할 뿐이다. 인간과 함께 사는 동물 가운데 야생 습성이 가장 많이 남아있는 동물이 고양이라고 한다. 그러므로 그들 세상의 생존법을 자연스럽게 그대로 두는 게 옳다고 생각한다.

"그냥 둬도 될 거예요. 자기들 세상에서 지극히 자연스러운 일일 테고, 다복이의 영양을 내가 다 채워주진 못하니까 스스로 알아서 해결하게 해야지요."

아침, 느긋하게 문을 열고 나갔는데 다복이가 기다렸다는 듯 앙칼지게 "냐옹~ 냐오옹~" 지금껏 두 번째로 듣는 앙칼진 소리다. 밥그릇을 보니 전날 남겨놓은 그 조각이 그대로 있다. "이왕 먹는 거 깔끔하게 먹지. 왜 이건 남겨놓은 거니? 음…, 나보고 치우라는 거구나?" '싫다'하는 마음을 살피며 의문의 조각이 든 그릇을 들고 울타리 옆으로 가서 땅을 판다. 그 조각을 묻었다. 묻으면서 보니 살도 아니고 뼈도 아니다. 그건 아마도 심장이지 싶다.

"다복아, 너희들 세상만의 법칙이니?"

조각을 묻고 오자 기다렸다는 듯 "냐-옹!" 거린다. '배고프니 빨리 밥을 달라'는 소리로 알아듣고 얼른 밥을 주었다. 그래도 냐-옹! 거리는 데 앙칼지게 들렸다. 몇 달 전 멀리 나갔다가 하룻밤 자고 왔을 때도 지금처럼 앙칼졌다. 이웃이 이상하다 할 정도로. 그런데 이렇게 앙칼지게 냐옹! 거리는 건 나한 테만 하는 소리라는 걸 뒤늦게 알았다. 다른 사람이 (다복이) 제 이름을 부르고 아는 척할 때는 얌전히 "아옹~"거리다가 나를 보면 돌변해서 앙칼지게 "냐-옹!"했다는 걸.

어쩌면 다복이의 "냐-옹!"은 앙칼짐이 아니라 '아주 반갑다, 기분 좋다'라는 반응일지도 모르겠다는 생각이 들었다. 내 앞에서는 배를 내보이며 늘어져서 얼굴을 닦고 기분 좋다 하는 것처럼. 그리고 가끔은, 때로는 특유의 앙칼진 소리로 나를 불러내기도 했다.

아무리 생각해도 불러낸 게 틀림이 없다고 여길 수밖에 없는 일이 몇 번 있었다. 이를테면, 마당 어느 구석엔가 있던 다른 길냥이가 마당 안을 넘본다는 걸 감지하고는 "냐-옹, 냐-옹 냐오옹!" 심상치 않은 소리라 여기고 나가 보니 그때까지만 해도 털만 세우고 있던 다복이가 마치 '여긴 내 구역이야. 들어올 수 없어. 들어오기만 해 봐. 내 뒤에 왕 큰 덩치 보이지?'라는 듯 나를 세워 두고는 기웃거리며 넘보던 고양이를 맹렬하게 쫓아내는 것이었다. (내 눈에는 안 보였던) 숨어서 기웃거리던 다른 고양이가 다복이를 피해 달아나는 게 보였다.

다복이는 제 영역임을 그렇게 알리고 있었던 듯하다. 그러고 보니 다복이 발바닥이 많이 까매졌다. 애기 때의 분홍빛 젤리 같은 발바닥은 많이 사라졌다.

"다복아, 너는 너희 세상에서 청년이니? 아니면 아저씨? 너희 종족도 견해가 안 맞고 생각이 다르면, 또는 이익 때문에 원수처럼 헐뜯고 싸우고 그러니? 그렇더라도 너는 그러지 마. 조금 양보하고 살아. 응?"

'다복아, 옛날 인간들은 너희 종족을 보고 요물妖物이라고 그러더라. 사람 말을 귀신같이 알아듣는다고 해서 영물靈物이라고도 하고. 그래서 말인데 서로 필요한 만큼 딱, 이렇게만 살자,' 나는 네가 배고프지 않게 밥을 주고 너는 찍찍이가 없게 해주렴. 알았지?

다복이가 내가 있는 안쪽을 바라보고 있듯이, 나도 하루에 몇 번씩 다복이가 잘 있는지 확인하는 날들이 이어졌다. 햇살 좋은 겨울날 다복이는 울타리 밖 마른 풀더미가 따뜻하고 좋은지 그곳에서 울타리 안을 향해 앉아 있다가 문소리가 나면 "냐오옹~"하면서 저가 있는 곳을 알려온다.

"냐옹~ 다복아, 거기 있었어? 해바라기하는 거야? 이제 봤으니까 들어갈게. 냐옹~"

애기 티를 완전히 다 벗고 청년이 된 다복이는 제 본능을 충실히 따르는 듯 한 번씩 바쁘다. 몇 달 전부터 밤마실이 잦더니 며칠 밤엔 다복이를 불러내는 듯한 암컷의 앙칼진 소리가 집 언저리에서 들린 뒤부터 안 보인다. 그렇게 수컷의 의무를 다하고 있을 때는 밥도 제때 안 먹는다. 하루에 두 번 주는 밥그릇이 비워지지 않고 그대로일 때가 많다. 문 여는 소리나 내 발소리에 아는 척하던 다복이의 냐오옹~ 소리가 안 들리니 사방이 고요하기 이를 데 없다.

며칠 만에 들어온 다복이는 제집에 있으면서도 자는 듯 죽은 듯 꿈쩍도 하지 않는다.

"다복아~" 부르면서 문을 들추고 들여다봐도 다 귀찮다는 듯 게슴츠레한 눈을 한 번 끔벅하고는 엎드린 채 다시 눈을 감아버린다. 밤마다 얼마나 돌아다니면서 힘을 썼는지 통통하던 살이 홀쭉하게 빠져있다. 게다가 암컷에게 긁혔는지 수컷에게 긁혔는지 콧등에 상처도 있다. 하긴 까복이의 만신창에 대면 대수롭지 않아 보이지만 그래도 상처는 상처니까 짠하다.

"아유, 네 삶도 녹록지 않구나!"

길지 않은 고양이의 삶, 세상 떠나기 전까지 어떻게든 제 후손을 남기고 가려는 본능으로 충실히 사는 거겠지만, 보고 있자니 안쓰러운 마음이 인다. 하여 일부러 사주지는 못하는 사은품으로 온 간식을 주려고 불러내 본다.

"다복이~ 냠냠이 먹자~ 냠냠냠! 이거 먹고 자~"

다복이는 '냠냠'이라는 말에 문을 열고 나오더니 간식을 들고 있는 손 앞으로 다가와 빨리 달라 조르는 듯한 고갯짓이다. 막대기 모양의 비닐에 들어있는 생선 맛의 간식을 바닥에 떨어지지 않도록 조심하면서 조금씩 짜주니 아주아주 맛나다는 듯 "냐음냐음 냐오옹~" 요상한 소리까지 내면서 정신없이 먹는다. 한 점도 남기지 않겠다는 듯, 간식 봉지를 꾸욱~ 짜는 동안조차도 참을 수 없다는 듯 쪼끔 묻어있는 손가락을 싹싹 핥는다. 까슬까슬한 혓바닥 돌기가 손가락에 묻은 간식량만큼 느껴진다. 마지막 한 방울까지 다 먹은 다복이에게 "다 먹었네, 없다~!"라면서 양손을 들어 보이자 언제 그랬냐는 듯 다시 제집으로 들어간다.

'아, 결국 너도…! 어디를 가든 자유롭고 건강하게 살자~
사람이랑 차는 진짜 조심하고~ 그리고 냠냠이 먹고 싶을 때는 오렴~'

제 삶에서 가장 중요하고 큰일인 종족 번식을 위한 짝짓기를 시작하던 다복이는 그만, 마을 사람들이 버리는 음식쓰레기 더미 속의 생선 맛을 알아버렸다. 음식 쓰레기로 배를 채우는 다복이는 간식이 그리울 때만 문 앞에 와서 '아옹~'거리고 사료 밥은 입가심인 듯 먹었다.

어느 날은 (윗집에서) 말리려고 빨랫줄에 넣어놓은 오징어를 훔쳐(?) 물고 다니질 않나, 또 어느 때는 어느 집 음식 쓰레기 더미에서 생선 뼈를 찾아 말끔히 먹어 치우기도 하는, 완벽한 길냥이가 되었다. 그러면서도 내가 지어준 '다복'을 기억하고는 제 몫으로 준 밥그릇을 기억하여 날마다 또는 며칠에 한 번씩 와서 밥을 달라 간식을 달라고 아옹~ 거렸다.

고양이는 소금기가 있는 걸 먹으면 안 된다는데, 여기저기 돌아다니며 배가 고프면 닥치는 대로 마구 먹어서인지 다복이는 어느새 뚱뚱이가 되어 있고, 배가 구부려지지 않는 것 같았다.

길냥이들은 수명이 짧다고 한다. 소금기를 해독하지 못하는데도 배가 고프니까 사람들이 버린 음식쓰레기를 먹다 보니 뚱뚱 붓고 끝내는 수명이 줄어든다는 게 내가 아는 상식이다.

얕은 상식이나마 그런 작용을 아는 나는 다복이와 인연 된 지 두 해 남짓 동안 고양이 전용 사료를 사서 그릇에 꼬박꼬박 담아주었건만…, 이미 간이 된 생선 고기 맛을 알아버린 다복이에게 음식쓰레기를 더 이상 못 먹게 할 힘이 내게는 없었다. 그렇다고 묶어둘 수도 없고.

하긴, 온 동네 돌아다니며 먹고 싶은 걸 먹고 인간에게 길들여지지 않으며 걸림 없이 자유로운 고양이로 살다 가는 것도 나쁘지는 않으리라.

다복이의 영역은 아랫마을로 가기 전 다릿목에서 윗마을로 가기 전의 다릿목까지(로 보인)다. 그 사이에는 여덟 채의 집이 있고 그 가운데 세 채는 사람이 살지 않는 빈집이고 여섯 채에 일곱 가

구가 사는 아주 작은 마을인데 하루 몇 바퀴를 시찰하듯 도는 게 다복이의 일과다.

낮에는 주로 우리 집 여기저기에 있다가 밤에는 보일러실 따스한 온기가 있는 저 윗집의 연탄 광에서 자는지 가끔은 시커먼 연탄 가루를 조그만 얼굴에 잔뜩 묻혀 오곤 했는데 언제부턴가 도통 보이질 않는다. 대신 다복이를 똑 닮은 아주 작은 새끼 고양이가 다복이가 자주 다니던 길목에서 보이기 시작했다. '다복이는 어디로 간 걸까!' 고양이 말을 할 줄 알고 들을 줄 안다면 눈에 띄는 고양이마다 물어보고 싶다.

밥을 먹고 나면 으레껏 마당의 탁자 아래서 또는 볕이 잘 드는 마당 가 자갈 위에서 네 발과 다리의 털을 고르고 앞발 등으로 얼굴을 (진짜 고양이 세수) 닦던, 그 어느 요가 선생보다도 유연하게 몸을 한껏 구부리고 혀로 털을 고르고, 다 고르고 나면 발을 가지런히 모으고 조는 듯 자는 듯하던 다복이를 더 이상 볼 수 없다. 밥 달라고 부르고 울타리 밖에서 기웃거리는 놈 쫓아 달라고 부르던 소리도 더 이상 들을 수 없다. 그래도 하루에 두 번씩 그릇에 담아 놓는데 다복이가 새벽에 몰래 와서 먹는 건지 아니면 다른 고양이가 와서 먹는 건지 밥은 거의 다 없어진다. 하지만 다복이는 눈에 띄질 않는다.

'너와 나, 이름이랑 나이를 묻고 대답하는 식으로 트진 않았지만 분명 트긴 튼 거다.'

한 해째 몰래, 밥만 먹고 가는 길냥이가 있다. 코 위쪽과 등 쪽으로는 까맣고 코 아래 가슴과 다리와 발은 하얀빛의 (암컷으로 보이는) 아주 작은 고양이가 다복이에게 들킬세라 몰래몰래, 인간 눈에 띌세라 몰래 살금살금 주림을 달래고는 잡힐세라 빛처럼 사라지던 고양이다. 다복이와 몇 번쯤 같이 다니기에 여친(?) 인 줄 알았다.

그런데 어느 때부턴가 다복이가 신경질을 부리면서 으름장을 놓듯 쫓아버리자 멀리 다복이 그림자만 보여도 가까이 오지 않던 고양이다. 다복이 뿐만이 아니라 사람도 끔찍하게 싫어하는 듯, 발소리 문소리 낙엽이 부스럭만 해도 움찔 후다닥 도망을 가버리는, 아주 소심한 겁쟁이로 보이는 고양이였다. 게다가 아무런 소리를 내지 않았다. 고양이라면 으레껏 마땅히 하는 그들의 말 '야옹~'을 하지 않는다.

어쨌든 또 이름을 지어줬다. 희고 까만빛이라 '알로'라고. 알로는, '어느 집에서 소리를 못 내게 하는 수술과 새끼를 못 낳게 하는 수술을 억지로 시킨 뒤 키우다가 버려진 아이'가 아닌가 추측하면서.

세 가지 본능욕本能慾으로 사는 동물들에게 배고픔과 굶주림은 참을 수 없는 치명타致命打. 그러니 알로 또한 마을 언저리의 길냥이들에게 소문이 났을 '공짜 밥집'인 우리 집을 마다할 까닭은 없었을 것이다. 하지만 덩치 큰 다복이가 무서워 간을 졸이며 오곤 했을 텐데, 언제부턴가 덩치가 보이질 않는다. 그래서 마음 놓고 오긴 하는데 인간들 가까이 오는 건 또 싫은 거다. 그러던 어느 날, 배가 고파 왔는데 '어랏, 밥이 없네?' 배는 고프고 행여 어느 구석에 있을까 두리번거리다가 그만 나에게 딱 걸리고 말았다.

사실, 알로를 가까이에서 보고 싶어 내가 노린 상황이다. 나의 짐작처럼 인간에게 버려진 것이라면, 너무 불쌍하기에 (다복이에게 주던 게 아직 많이 남은) 간식이라도 주고 싶어서.

"냥아, 이리 와~ 맘마 줄게~ 너는 알로라고 부를게~"

'칫, 그런다고 냉큼 달려갈 줄 알고?' 알로는 어림없다는 듯, 딱 세 걸음 거리만큼 와서는 더 이상 다가오지 않고 그 자리에서 물끄러미 빠안~히 바라보기만 했다. 나는 고양이 인사법이라고 알려진 눈을 '깜~박!' 하였다. 녀석도 한다.

"그래, 고마워! 오늘 너와 나는 튼 거다. 이리 와~ 밥 먹어. 내가 갈게~"

밥그릇이 있는 곳에서 세 걸음쯤 멀어지니까 기다렸다는 듯 휘리릭 밥그릇 쪽으로 들어간다. 그러고는 허겁지겁 밥을 먹는다. '오드득, 오드득!' 그러면서도 두리번두리번 흠칫흠칫, 먹으랴 눈치 보랴 바쁘다.

'알로야, 나 무서운 사람 아니야~ 너무 겁내지 않아도 돼~
조금만 더 편하게 먹고 조금만 더 편하게 드나들어도 돼~'

밥 먹으러 드나들기를 두 해가 넘었는데 알로는 여전히 불가근 불가원이다. 그리고 고양이라면 으레껏 내는 그 흔한 '냐옹~' 소리를 하지 않는다. 아니 할 줄 모르는 듯하다. 아니 어쩌면 할 줄 알았는데 어느 날 갑자기 뺏겼는지 모르겠다는 생각이 들었다.

사람을 어찌나 경계하는지…, 처음에는 밥을 주는 내 눈에도 띄지 않으려 애를 쓰는 듯 보였다. 그래서 말은 안 통해도 마음 기운은 전해지길 바라면서 그 어떤 생각도 없이 오직, '너를 해치지 않아. 그냥 네가 편하게 밥을 먹길 바랄 뿐이야.'라는 마음으로 "알로 왔니~? 맘마 줄까~? 냐옹!"

볼 때마다 '냐옹~' 말을 걸면서 밥그릇을 코앞에 가져다주었다. 배가 고프니 먹긴 하는데 한 입 먹으면서 두리번두리번, 또 한 입 먹고 두리번두리번, 보는 사람도 불안할 정도로 두리번거리며 편하게 먹질 못했다. 1년쯤 지난 뒤에는 50센티 거리만큼 다가와 빤히 바라보기 시작했다. 물론 잠시도 경계를 늦추거나 풀진 않았다. 밥을 밥그릇에 놓는 나를 말똥말똥 빤히 바라보는 한편 딴청을 피우면서도 밥을 먹기 위해 내 앞을 지나가지는 않았다. 자주 보는 사람들 또한 1미터 거리쯤은 허락하나 더 다가가면 여지없이 달아났다.

밥을 코앞에 갓다주다가 어느 순간 밥그릇이 있는 곳까지 오기 시작했다. 하지만 여전히, 내가 한 발짝 떨어져야 밥그릇으로 다가가는 알로에게 말을 더 붙여 본다. 다복이에게 주던 간식을 하나 뜯어서 코 밑 가까이 냄새를 피우며 "알로~ 냠냠이 줄까~?" 반응한다. 순간 획-, 앞발로 간식을 잡아채려 한다. 알로는 실패했고 내 손가락에선 빨간 피가 번져 나왔다.

사람과 함께 사는 반려묘는 발톱을 잘라주기에 날카롭지 않지만, (다복이와 까복에게도 한 번씩 긁혔던 적이 있다) 길냥이의 발톱 끝은 날카로운 칼과 같다. 발톱이 한 번 획-! 스치기만 해도 (스친 살갗은) 마치 칼로 스윽- 그은 것처럼 빨간 피가 번져 나온다. 통증 또한 제법 날카롭다.

따끔따끔한 통증이 느껴졌지만, 알로가 놀라지(?) 않도록 침착하게 말한다.

"알로, 여기에다 짜줄게. 편하게 먹어~"

납작한 돌에다 간식을 짜주었다. 알로는 발로 살짝 건드려 보더니 할짝할짝 먹기 시작했다. 입맛에 맞는지 순식간에 사라졌다. 알로는 간식 맛을 알았는지 며칠에 한 번씩 냠냠이를 주면 좋겠다는 몸짓으로 문밖 의자 또는 울타리 난간 또는 바위에 앉아서 내가 나갈 때까지 기다리고 있었다. 밥이 아닌 냠냠이가 생각나는지 밥을 한 번 힐끗 보고는 먹지도 않고 가지도 않고 눈앞에서 그렇게 얼쩡거렸다. 그럴 때마다 나 혼자 수다스럽게 말을 붙이면서 그들의 언어 "야옹~ 야옹~"을 곁들인다.

'난 네가 타고날 때부터 못 했거나 인간에게 수술 당한 줄 알았어. 그런데 (비록) 들릴 듯 말 듯 '냐옹!'하는 순간 얼마나 반갑고 기뻤는지 넌 모를 거야.
왜 반갑고 기뻤을까! 수술 당한 줄 알고 무거웠던 마음이 가벼워져서였을 거야.'

밥만 먹고 가는 알로를 볼 때마다, 밥 먹으러 올 때마다 나는 "냐옹~" 거렸다. 얼마나 그랬을까! 어느 날도 밥 먹으러 온 녀석을 보자마자 "냐옹~ 알로, 밥 먹으러 왔어? 냐옹~"했는데 생각지도 않은 일이 일어났다. 모기는 저리 가라는 듯 쥐어짜듯 "냐 ㅇ~"

분명 냐옹~ 했지만, 그 소리는 지금껏 들어본 소리와는 확실하게 달랐다. 아주 작았고 부자연스러웠다. 그래도 너무 반갑고 기뻤다. 반가움에, "알로, 소리를 내지 못하는 게 아니었구나~?" 하면서 한 번 더 해 보라는 듯 "냐옹~ 냐옹~ 알로, 냐옹~"

사람도 갓 태어나서는 말을 할 줄 모른다. 그러므로 갓난아기는 우는 걸로 표현한다. "응애, 응애~"가 아가들의 대표 말이었다가 어느 때부턴가 "엄마, 아빠"라는 낱말로 된 말을 하기 시작한다. (엄마, 아빠가 아닐 수도 있다) 연구 결과에 따르면, 아가들은 먼저 귀로 3,000번 정도 들었을 때 입으로 옮기기 시작한단다. 그러니까 거의 모든 아가가 "엄마"를 제일 먼저 하는 건 그 낱말을 가장 많이 들었다는 증거다. 동물도 마찬가지겠지? 그래서 짐작하기를 '알로는 말(냐옹)을 배우기 전 버려진 거구나!'였다.

그리고 언젠가 우연히 본 TV 프로그램 〈세상에 이런 일이〉가 나의 짐작을 확증으로 굳히기에 모자람이 없었다. 방송 내용은, 새끼 고양이가 어느 집에 입양돼서 몇 년째 사는데 고양이의 특성인 '사뿐' 뛰지도 않을뿐더러, 물고기 모양의 움직이는 장난감을 보고도 달려들지 않았다. 그러니까 고양이 특유의 사뿐사뿐한 걸음으로 높은 곳을 자유자재로 오르내리는 건 물론 본능으로 움직이는 것들을 쫓는 특성이 하나도 없는 데다가 특이하게도 앞발을 모으고 토끼처럼 뛰어다녔다. 말 그대로 세상에 이런 일이었는데 전문가가 살펴보더니, 고양이는 새끼 때 사냥법이라던가 말을 배우는 학습기가 있는데 방송 주인공 냥이는 너무 어릴 때 엄마와 떨어져 인간의 집에서 살다 보니 학습할 기회가 없었고, 마침 그 집에 또 다른 동물 토끼가 있어 토끼의 행동을 배운 것이란다.

다행히도 알로는 볼 때마다 저가 먼저 (쥐어짜듯) "냐~ㅇ!"을 해주고 있다. 그래야 밥을 줄 거라고 인식한 모양이다. 그러면서도 밥이 아닌 냠냠이(간식) 맛이 생각나는지 밥을 한 번 힐끗 보고는 먹지도 가지도 않고 얼쩡거린다. "알로, 냠냠이 줄까?"

그러면 귀를 쫑긋 세우고 다가온다. 밥 위에 간식을 짜서 주면 맛있다는 듯 후딱 먹어 치운다. 다 먹고 나서도 휘리릭~ 가버리지 않고 마당 가에 있는 나무 탁자 다리로 가서 두 발로 서서는 앞발

톱으로 몇 번 긁거나, 앞발 뒷발 다 오그려 넣고 꼬리를 옆구리 쪽으로 갈무리하고는 얌전히 앉아 자우룩자우룩 졸고 있다.

'공짜 밥집으로 소문 난 거니? 우야든, 무탈하게 겨울 잘 나자~'

마당 안의 판잣집은 공짜 밥집으로 소문난 게 분명하다. 처음 다복이로 시작한 길냥이와의 인연은 몇 년이 지나도록 아직도 이어지고 있고, 문밖으로 나가면 제일 먼저 하는 일이 냥이들 밥그릇 살피는 일이다. 전날 초저녁에 담아 놓은 밥을 (밤새) 어떤 길냥이가 먹고 갔으면 비어있고, 왔다 가지 않았으면 그대로 있다. 거의는 비어있을 때가 많다.

까복이의 자취가 희미해질 무렵 다복이가 다시 들어와 확실하게 영역 차지하다가 슬그머니 사라진 뒤 알로가 눈치 안 보고 드나들기 시작했지만. 영역 차지는 확실히 못 했는지 두세 마리가 더 기웃거리고 있다. 서로 눈치 보며 서로 피해 다니고 있지만, 가끔 서로 맞닥뜨릴 때가 있다. 그럴 때면 나중에 들어온 고양이나 힘이 약한 고양이는 쫓겨나는 신세가 된다. 그럴 때는 내가 끼어들 수도 끼어들 일도 아니기에 모른 척한다.

다복이와 까복이가 있을 때는 (마음에 안 들어도 할 수 없는) 이층 집을 지어줬다가 까복이가 나간 뒤엔 집을 뜯어서 다시 1층으로 지었다. 그러다가 알로가 드나들기에 그냥 뒀는데 '길냥이들은 어차피 밥만 먹으러 오는 거니까 집이 군이 필요할까! 이젠 없어도

되겠지?'

그랬는데…, 어느 날 알로가 밥을 먹으러 온 걸 보았는데 바로 이어 누런 고양이가 먹으러 가는 게 보였다. 순간, '알로가 밥을 못 먹고 쫓겨나는 게 아닐까!' 하는 생각에 밥그릇 쪽으로 다가가니 누런 냥이가 내 발소리를 듣고 빛의 속도로 사라진다. '허참, 쫓으려는 건 아니었는데…,' 누런 냥이가 사라진 쪽을 봐도 알로는 없다. 집 뒤뜰을 살피고 옆을 둘러봐도 알로의 그림자는 안 보인다. "알로~" 부르며 마지막으로 밥그릇을 보려고 가는데 바깥 동태를 다 파악하고 있던 알로가 안심했는지 집에서 쑥~ 나오면서 밥을 먹고 있다.

'아, 아직 헐어버리면 안 되겠구나!'

봄부터 가을까지는 마당에 나가 있는 시간이 많기에 자연히 '공짜 밥집'을 찾는 길냥이들과 마주칠 때가 많다. 그 가운데 알로는 나와 '튼' 사이라 밥을 먹고도 서둘러서 달아나지 않고 나무 탁자 아래에 다소곳이 앉아 해바라기하면서 (또는 더위를 피하면서) 인간(들)이 어떻게 지내는지 관찰하는 듯 보이는 날들 또한 많았다.

다복이 때 써먹었던 깃털 공 장난감을 들고 알로 눈앞에서 이리저리 흔들어 보았다. 반응한다. 팔랑이는 깃털 공을 잡으려고 오른발 왼발 양발 짓을 번갈아 해댔다. 그렇게 몇 차례 애를 쓰다가 뜻대로 안 되자 시큰둥 차 밑으로 들어가 버린다. 잠은 다른 곳에서 자고 밥만 먹으러 오는 알로는, 자신은 어디까지나 자유로운 길냥이라는 듯 비록 밥은 먹으러 오겠지만 오래 머물지는 않겠다는 듯 서둘러 떠나던 때를 생각하면 아주 많이 달라졌다.

서너 마리의 길냥이들이 서로를 피해 가며 공짜 밥집을 드나드는 가운데 겨울을 맞았다. 다복이와 까복이를 보니 봄부터 가을까지는 따로 놀고 따로 자면서 다투다가도 추운 겨울엔 서로 기대어 자고 서로 보듬으며 온기를 나누며 살았다. 냥이들도 나만큼이나 추위를 싫어하는 듯 보였다. 그러니 봄이 올 때까지는 '어디선가 서로를 의지하면서 추위를 피하며 살겠지'라는 생각이다. 겉으로 볼 때는 배가 고프니까 어쩔 수 없이 공짜 밥집으로 올 수밖에 없는 길냥이들은 허기를 채우느라 밥만 먹고는 서둘러 돌아간다. 나 또한 하루에 서너 번 밥그릇을 살피는 정도만 문밖으로 나가니까 냥이들과 마주칠 일은 거의 없다. 그럼에도 나를 볼 때마다 알로가 "냐~ㅇ"하고 먼저 인사를 해주고 (나를) 의지하는 듯한 행동을 할 때는 뿌듯하면서도 책임감이 들었다.

겨울이 오고 눈이 소복소복 오시는 날에도 알로는 하루에 한두 차례 밥집을 찾아오는 건 물론이고 일부러 나를 기다렸다는 문 앞에 앉아 문 쪽을 향해 바라보고 있다가 내가 나가면 움찔 살짝 뒷걸음치면서 "냐~ㅇ!"을 해준다. 그 소리도 처음 쥐어 짜내듯 낸 소리와 견줄 수 없을 만큼 많이 커졌다. 또 어떤 때는 밥을 먹고도 그냥 가지 않고 눈앞에 앉아 있다가 내가 방으로 들어온 뒤에야 떠났다. 지난겨울은 눈이 많이 오시는 데다가 유난히 추웠는데, 추위를 견디면서 눈을 밟고 온 게 안타깝고도 고마워 냠냠이를 주었다. 맛나게 먹은 알로는 바로 가질 않고 한 발을 들고 앉는다.

"알로야, 추워. 어서 가~"
"냐~옹~"
"추워, 어서 가라고~"
"냐~옹!"
"얼른 가라니까~"

발이 시리니까 왼발을 들고 오른발을 놓았다 다시 오른발을 들고 왼발을 놓으면서, 냐옹~거리기까지 하면서 가지 않고 깡깡 언 시멘트 바닥에 앉아있다.

"난 들어갈 거야~ 너도 어서 가~!"

알로가 바로 갔는지 안 갔는지는 모르겠다. 또한 알로의 행동이 정확히 무슨 뜻인지도 모르겠다. 그냥 내가 느낀 대로 생각할 뿐이다. 내게 알로는 여전히 '인간에게 버려진 불행한 고양이'고, 나를 다른 사람보다는 조금 더 편하게 여기고 있다고 믿을 뿐이라고.

고양이는, 1만 년 전 인간에게 신으로 또는 귀족과 같이 섬김을 받던 종족이라 그런지 인간에게 쉽게 다가오질 않는 건 물론이고 집사(?)도 선택한다고 한다. 그러니까 어쩌다 만난 인간이 저에게 이로울지 해로울지를 지켜본 뒤 고른다는 말이다.

어쨌거나, 7년 남짓 길냥이들이 드나들게 공짜 밥집을 열다 보니 공짜가 아니라는 생각이 든다. 고양이들을 보고 배우는 것이 있기 때문이다. 가장 크게 배울 점은 배가 부르면 한 알도 더 이상, 절대로 먹지 않는 것과 아프면 잠만 잔다는 사실이다. 인간과 더불어 사는 개들도 (거의) 먹을 것에 절제력이 없으며 인간은 '비싸니까, 건강에 좋으니까, 맛이 있으니까, 귀하니까, 아까우니까'라는 이유로 배가 부른대도 욱여넣듯 먹는다. 개들도 배가 빵빵해져 다리가 휘도록 먹는다. 그러나 고양이는 절대로 안 먹는다. 그 절제력을 본받아야 할 것이다. 그동안 이곳을 드나들었고, 드나드는 고양이들 모두 먹을 것에 대해 절제력은 한결같았다. 아무리 맛나도 배가 부르면 한 알갱이도 더 먹지 않는다. 알로도 마찬가지다. 또한 일중독으로 쉬어야 할 때도 쉬지 못하는 우리 인간과는 다르게 아프면 나을 때까지 잠을 자는 자세도 배울 일이다.

'다음엔 눈을 다치지 않도록 더 조심하렴. 눈에 상처가 나면 낫기 힘드니까.'

눈이 오나 비가 오나 바람이 부나 배가 고프면 찾아오는 공짜 밥집엔, 알로 말고도 두서너 마리가 더 온다는 걸 알지만 알로처럼 눈을 마주치고 "냐~옹~" 인사를 하는 길냥이는 없다. 그럼에도 몇 번 마주치는 길냥이에게는 이름을 지어줬다. 예쁘게 생겨서 '얼냥이', 다복이를 많이 닮아서 '다복 2'라고.

길냥이들은 서로를 피해서 다니고 있지만 이 집 저 집 조사하듯 돌아다니기 때문에, 마을 이웃들도 길냥이들의 동선動線을 다 알고 있다. 하여 소금기가 있는 고기나 생선 반찬 찌꺼기를 버릴 때는 씻어서 버리거나 못 먹게 땅에 깊이 묻어 달라 부탁하였다.

어느 날, 몇 번 마주쳤던 '다복 2'가 밥을 먹으러 왔는데 밥이 없는지 마당 한가운데 앉아있다. 그런데 나를 보고도 웬일인지 달아나지 않고 오히려 밥그릇이 있는 집으로 들어간다. 가까이 다가가도, (조심스레) 밥을 주는데도 피하지 않고 빤히 바라보기에 나도 바라보았다. 그런데 세상에나 쯧쯧쯧…, 두 눈과 귀와 다리가 말이 아니다. 항생제를 찾아 가루로 만든 뒤 꽁꽁 언 고양이 통조림을 녹였다. 녹은 생선을 덜어 약을 한 꼬집 버무려 나가니 다복 2는 밥을 다 먹었는지 저만큼 멀어진다.

"나중에 와서 먹어~"

몇 시간 뒤에 나가 보니 약을 버무려 준 통조림 생선을 다 먹었다. 저녁이나 밤에 와서 또 먹으라고 사료와 통조림 생선에 버무려 놔둔다. 나중에 보니 밥그릇이 말끔히 비었다. 다음 날 또 왔다. 온지 한참 됐는데 (나를) 기다리고 있던 건지 아니면 방금 막 왔는데 내가 나간 건지는 모르겠으나 문 여는 소리에 휘리릭 돌아 나가다가 내가 아는 척하니 다시 돌아와 마루 밑으로 들어가 빤히 바라본다. 어제 주고 남은 약을 통조림을 덜어 솔솔 뿌려 밥그릇에 담아주니 슬금슬금 다가와 허겁지겁 먹는다. 가만히 보니 어제보다 조금 나아진 듯 보인다. 딱지가 생기기 시작한 것이다.

다복이 보다는 하얀 털이 많긴 하지만 다복이를 닮았다는 생각에 다복이 새끼라 믿어 의심치 않고 '다복 2'라고 지었던 이름을 '딱지'라고 바꿔줬다. 그런데 며칠째 안 보인다. 항생제를 구해서 몇 번 더 주긴 했지만 고름이랑 피딱지를 달고 있던 상처가 덧난 건 아닌지, 아니면 다 나았는지 궁금하다. 이런 나의 마음을 알았는지 며칠 뒤 나타났다. 차 밑에서 나를 보고는 나오지도 않고 도망가지도 않고 빤히 바라보고 있어 상처를 살펴보니 딱지가 떨어진 자리가 희끄무레 남아있긴 하지만 말끔하다. 아, 다행이다.

"딱지 왔니? 너는 이제부터 딱지야."

알아듣는지 못 알아듣는지 모르지만, 나았음이 기특해 먹던 밥 옆에 통조림 생선을 놔준다. 지켜보고 있으면 안 먹으니까 관심 없는 척 일하는데 멀어졌다고 여겼는지 나와서 생선을 먹는다.

길냥이들은 자신에게 있는 생명력을 어떻게 써야 할지를 아는 동물 같다. 깊은 상처에서 고름이 흐르지 않고 뻘건 새살이 밀고 나올 때까지 눈에 띄지 않는 데서 잠만 자는 게 열흘 정도 갔다. 아플 때는 먹는 것도 온전히 내려놓고 쉴 줄 아는 걸 까복이와 다복이게 보았다.

'만약, 가족 가운데 누군가 온몸이 만신창이가 돼 밥을 못 먹고 물도 겨우 마시고 걷지도 못하는데 찾을 수 없고 보이지 않는 어느 구석으로 가서 몇 날 며칠 잠만 잔다면…, 어떤 마음일까! 어떻게 할까! 애타게 찾다가 실종 신고를 할까! 무슨 뜻이 있어서일 거라며 기다릴 수 있을까! 인간에게 자연 치유의 힘이 있기나 할까!'

실화를 바탕으로 했다는 영화, '레오나르도 디카프리오'가 열연한 〈레버넌트, 죽음에서 돌아온 자〉를 보면 치유의 힘이 없는 건 아닌 듯하다. 숨이 붙어있는 한, 어떻게든 살려고만 한다면 말이다. 그러나 거의 모든 인간은 자연 치유의 힘을 내기보다는 병원이나 의사, 약이나 주사를 먼저 의존하고 본다. 웬만한 병증은 병으로 취급받지 못할 만큼 헤아릴 수 없이 병명이 많고 그에 따른 약도 만만치 않다. 메디컬 드라마로만 끝나는 일이 아닐 정도로 현실 또한 심각하다.

어쩌면 우리 인간은 자연 동물계를 벗어나 자본물질계의 한 생명체가 되어 있는 건지도 모르겠다. 불현듯 이대로 가다가는 자연이 우릴 거부할지도 모르겠다는 생각이 들었다.

먹을 게 없어 배가 고프면 오렴~ 우리 집은 언제나 열려 있는 공짜 밥집이니까.

'강원도의 힘은 누가 뭐라고 해도 날씨'라고 해도 지나친 말은 아니리라. 더디 오는 봄, 시원한 여름, 짧은 가을 그리고 추위와 눈의 계절 겨울…! 그 말을 증명한다는 듯 3월하고도 열이틀, 봄비가 오는가 싶더니 어둠이 내려앉으면서부터 눈으로 바뀌어 마당에 서 있는 자동차며 바닥을 하얗게 덮어 놓는다.

아침을 보낸 낮 또한 봄비의 촉촉함이나 싱그러움과는 거리가 먼, 제법 굵은 빗줄기가 종일 오락가락하여 방 안 기온을 뚝 떨어 트려 을씨년스럽기까지 했다. 그래서인지 비를 맞으면서 밥을 먹으러 오는 길냥이들을 볼 수는 없다. 그래도 고양이는 밤에 주로 활동하는 야행성인 데다가 배가 고프면 다녀갈지 모른다는 생각에 밥그릇을 살펴보고 밥을 담아 놓곤 한다.

어제와는 다르게 구름 한 점 없는 새파란 하늘에 싸늘했던 기온도 조금 누그러져 처마 끝에 매달린 짧은 고드름이 눈물을 뚝뚝 떨구는 아침이다. 냥이 밥그릇을 살피고는, 몇 알갱이가 남아있으면 '심하게 배가 고팠던 건 아닌가 보다.'하고, 한 알갱이도 없이 싹싹 비었으면, '배가 엄청 고팠는가 보다'라고 짐작할 뿐이다.

얼떨결에 길냥이 집사 노릇을 하게 됐지만, 나만의 철칙 같은 게 있다. 길냥이들이 사람들 음식이나 길들임에 길들여지지 않길 바라는 마음이기에 고기반찬이나 생선을 얻어다 주지 않는다. 서로가 길들여지지 않을 만큼에서 굶지 않도록. 겨울엔 밥그릇에 밥이 떨어지면 바로 담아 놓고, 봄부터 가을까지는 하루에 한 번만 담아

둔다. 땅이 완전히 풀린 봄부터 가을까지는 다른 먹을 것(?)들이 있으니까.

먹이사슬이 어그러진 오늘날이기에 '먹이가 없을 계절엔 사료를' 놓아두고, 서로가 길들여지지 않도록 '불가근불가원'하는 것이 곧 '먹을 것을 절제할 줄 알고 야생 삶의 버릇이 남아있는 길냥이들과 서로 공존하는 방법'이라고 생각하면서 오늘도 빈 밥그릇에 밥을 담고 있다.

덧붙이는 글

이사하는 날, 그 마을 길냥이들을 이웃의 벗에게 맡기고 왔다. 이름이 '분냥이'였던 냥이는 '고랑이'가 되었고 가족이 자꾸만 늘어 마을의 걱정거리라는 소식을 듣는다.

이사 온 뒤에도 밥집을 차렸다. 이삿날 어떻게 알았는지 몇 마리가 마중(?)을 왔기 때문이다.

네다섯 마리가 보였는데 이 구역 서열 1위를 놓고 영역 다툼을 몇 번 하더니 노란 털에 꼬리에만 줄무늬가 있는 냥이가 대장 노릇을 하며 색시를 둘이나 거느리고 있다.

녀석은 다른 수컷이 넘보지 못하도록 영역표시를 확실히 하겠다는 듯 벽 모서리는 물론이고 세워 둔 자전거 바퀴, 빨래 건조대, 벽돌, 탁자 다리 물통…, 집을 돌며 튀어나온 곳마다 제 목을 비비고 난 뒤 뒤돌아서서 저가 비빈 곳을 조준하여 오줌을 찍- 갈겨놓 곤 한다.

"그래, 그래. 대장 인정! 그러니까 오줌은 그만 좀 싸~"

밥이 없으면 "아웅--"거리며 창문 밑에서 불러내기도 한다. 하여 두 개의 밥그릇에는 하루에 한 번 밥이 반드시 담기고 다섯 마리의 새끼 고양이들까지 드나들며 먹고 있다. 낮의 일이다. 그러나 밤엔 허기진 길냥이 몇 마리도 몰래 다녀간다.

시골살이에는 고양이가 가까이 있는 게 낫다. 들녘에 쥐가 많기 때문이다. 그 옛날 중세 유럽에서 고양이를 없앴다가 페스트병(흑사병)이 창궐했던 적이 있다. 요즘 쥐들은 살균 살충제로 내성이 더 강해졌을지 모르므로 사람 사는 집 안으로 들어오는 일이 없어야 하며, 들녘에도 쥐의 천적 고양이가 필요하다. 수백 마리가 1년에 두세 번씩 새끼를 낳는다고 생각하면…, (으-, 생각하지 말자-)

그저 대장 녀석이 뿌리는 오줌이 집으로 들어오려는 쥐를 물리칠 무기가 되기를 바라는 마음이다. 오늘 밤도 이곳을 기웃거리는 냥이가 있는가 보다. 창문 아래에서 괴기한 소리가 들린다. "이-야오-오-오-옹-! 크하학! 크르르릉-" 어떻게든 넘어오려는 냥이와 어떻게든 못 넘어오게 하려는 냥이가 서로를 노려보며 내는 소리다. 고양이의 영역 지키기 소리에는 암컷을 향해 "난 강한 수고양이!"라는 걸 알리는 소리도 들어있다고 하는데 몇 시간째다.

또 어떤 날은 아기 우는 소리처럼 가늘고 긴, 날카롭고도 요란한 소리로 몇 시간째 창밖 어둠을 뒤흔들기도 한다. 낮에 들리는 온갖 농기계 소리처럼 익숙해져야 하리라.

주차장 옆 비닐하우스 안에서 새끼 고양이들이 참새가 재재거리듯 쨱-쨱-거린다. 면사무소에 전화를 걸어 길고양이들이 너무 늘어나는 데 "어떻게 하면 좋을지"를 하소연한다. 중성화 수술 지원사업이 있으니 내년 봄에 지원해 보란다. 올해도 있었는데 사업비가 많지 않아 며칠 만에 접수가 끝났다며.

대장 녀석은 일부러 자기 존재를 알리고 있다. 가까이 다가가도 도망가지 않더니 이제는 털이 뭉쳐있는 등을 빗으로 빗어도 가만히 아니 오히려 즐기고 있다. '골골 골골'거리면서 벌러덩 누워 배를 보이거나 내 손을 끌어다가 질근질근 물어댄다. 송곳니가 없는 곳으로.
내년 봄, 중성화 수술을 하려면 먼저 친해져야 하기에 일부러 다가가 만져주고 있는데, 나의 이런 생각을 아는지 모르는지 녀석은 자꾸만 다가오고 있다. 중성화 수술만이 해결책인지 다른 좋은 대책은 없는지…, 아직은 판단이 서지 않는다. 그저 지금은 지금의 상황에 맞게 따르는 수밖에…!

범덩골 가재들은
마카 어디로 갔을까

산골 중의 별별 산골 이야기

초판 1쇄 발행 2025년 11월 15일

지은이 | 법혜
펴낸이 | 박유상
펴낸곳 | 빈빈책방㈜

편   집 | 정민주
디자인 | 박주란

등   록 | 제2021-000186호
주   소 | 경기도 고양시 덕양구 중앙로 439 서정프라자 401호
전   화 | 031-8073-9773
팩   스 | 031-8073-9774

이메일 | binbinbooks@daum.net
페이스북 | /binbinbooks
네이버블로그 | /binbinbooks
인스타그램 | @binbinbooks

ISBN 979-11-24125-00-7 03810

*이 책은 저작권법에 따라 보호를 받는 저작물이므로 무단 전제와 복제를 금합니다.
*책값은 뒤표지에 있습니다. 잘못 만들어진 책은 구입하신 곳에서 교환해드립니다.

이 도서는 강원특별자치도, 강원문화재단 후원으로 발간되었습니다.